おじさん図鑑

AN ILLUSTRATED BOOK OF
JAPANESE OJISAN
BY RUMI NAKAMURA

絵・文 なかむらるみ

小学館

蒸発歴20年。焼き鳥屋でバイト中（→p.117）

昼ご飯に一心不乱（→p.18）

動物写真家・岩合光昭さんの素顔（→p.108）

おじさんの師弟関係（→p.74）

グラフィックデザイナー・原研哉さん（→p.108）

「茶色」は秋のおじさん色（→p.92）

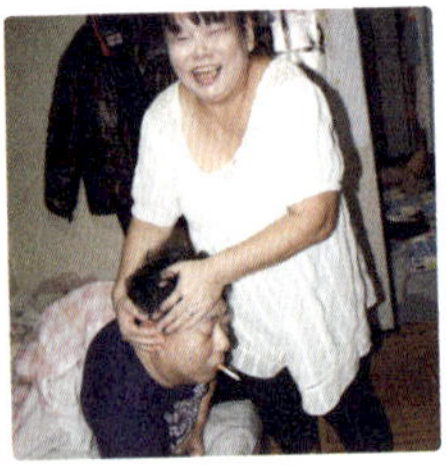

赤羽のトンデモ夫婦（→p.25）

仲良し酔っ払い３人組（→p.46）

仕事中にピース（→p.104）

皆に慕われる愛され上司（→p.110）

何か不自然、違和感の正体は…（→p.98）

日本一濃い珈琲を出す喫茶店店主（→p.36）

あるおじさんが作り出した家（→p.63）

飲み友達がおじさんばかりの女性（→p.80）

招き猫をパステルピンクで塗るおじさん（→p.52）

記念撮影するおじさん達は、なんかいい（→p.30）

全身ダンガリーのおじさん（→p.42, 88）

視線の先には元 SMAP の森くん（→p.42）

狙って座ったわけじゃないけど（→p.8）

奇跡のペアルック（→p.74）

朝食は赤いきつねという赤いおじさん（→p.24）

おやじバンドは結成 21 年（→p.32）

どこでもリラックス。これぞおじさん力（→p.118）

おじさんは続くよ、どこまでも（→p.42）

のら猫と戯れるおじさん
(→p.104)

結婚式のジャンケン大会

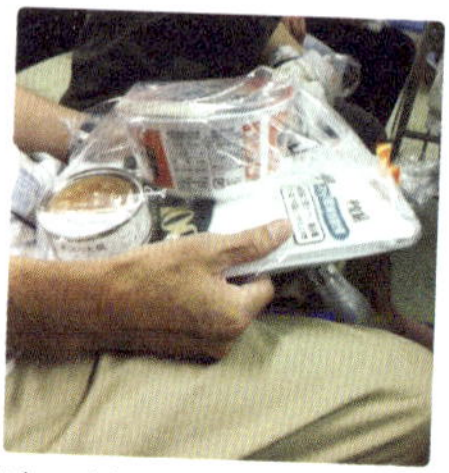

ビンゴ大会の景品 in ドヤ街
(→p.120)

腰に手をやっちゃうのは、おじさんの印 (→p.15)

説教らしい説教をし続けるおじさん (→p.15)

ただただ噴水を見つめ、背中で語る (→p.21)

浅いような…深いような…自作の格言 (→p.117)

夢は民芸品のお店をやること (→p.39)

パワーみなぎる京浜地区の飲み会 (→p.48)

コラムニスト・泉麻人流カラオケとは？ (→p.107)

昭和が漂う同伴
(→p.79)

おもろいたこ焼き屋のおっちゃん、実は… (→p.38)

おじさん予想診断

A〜E のあてはまるものにチェックをして下さい。一番あてはまる項目が多いのが、あなたが将来なるおじさんのタイプです。

Ⓐ
- ☑ 競馬か麻雀をやっている
- ☑ ゴルフも始めたい(始めた)
- ☑ 家で飲むより、外で飲む方が断然楽しい
- ☑ 単純にかわいい女の子がすごく好き
- ☑ AVが好き
- ☑ たまに海を眺めたくなる
- ☑ ハリウッド映画や日本の流行映画をよく観る

Ⓑ
- ☑ 手持ちぶさたの時、手を腰にあててしまう
- ☑ 公園に行って簡単な体操をしたことがある
- ☑ 出先でハンカチを買い、すぐ使ったことがある
- ☑ 休日にベンチによく座る
- ☑ デザインよりも高機能なものに興味がある
- ☑ お寺や神社、歴史上の跡地などに興味がある
- ☑ 良いカメラが欲しい

Ⓒ
- ☑ 派手な服装がわりと好き
- ☑ バンダナを巻いてみたいと思ったことがある
- ☑ ひとりでこつこつやるのが好き
- ☑ 秋葉原には、オタクカルチャー以前からたまに通っている
- ☑ 今まで進路にあまり迷いがなかった
- ☑ 後輩に一言。と言われても何も思い浮かばない
- ☑ 楽器が演奏できる

Ⓓ
- ☑ 社交的である
- ☑ お酒を飲むのはバーが多い
- ☑ 服装にこだわりがある
- ☑ 香水に興味がある(使っている)
- ☑ 部屋がきれいじゃないと落ち着かない
- ☑ とっさに駄洒落が思いつかない
- ☑ たれ目である

Ⓔ
- ☑ 夏はサングラスが必須
- ☑ 誰かにもらったキャップを何となく被っている
- ☑ 待ちきれず、電車や道で缶ビール(酎ハイでも)を買って飲むことがある
- ☑ おつまみは何でもいい
- ☑ 生搾りサワーは果物を搾るのが面倒だから、普通のサワーの方がいい
- ☑ パチンコ屋や家電量販店で配っていたうちわを愛用している
- ☑ 汗を拭くときは、ハンカチを折りたたんだままトトトンと額に押しあてる

診断結果は次ページ

診断結果

Ⓐ…男っぽいおじさん

渋いおじさんになれる可能性があります。遊んでばかりの人は、仕事でも家庭でもどこかでしめることが大事です。「早く禁煙しなよ」と言われるタイプです。

掲載例：普通、制服、ラフ、いやらしい、NIKE

Ⓑ…哀愁漂う真面目なおじさん

順調におじさんになっています。物足りないと思っている人は、競馬などをやってみると、新しい自分が発見できてよいかも知れません。特に、何も言われないタイプです。

掲載例：普通、スポーティ、カメラ、夫婦

Ⓒ…趣味人なおじさん

すでに人生観が決まっているあなたは、おじさんになっても今の雰囲気とあまり変化がなさそうです。「変わってるね」と言われがちなタイプです。

掲載例：制服、アート、秋葉原、マスター

Ⓓ…いつまでも若いおじさん

おじさん的にはイマイチ（？）。年齢を重ねた分、年相応の深みを出して欲しいところですが、努力家のあなたは周りから「若いね」などと羨ましがられるタイプです。

掲載例：ちょいワル、アート、偉い、夫婦

Ⓔ…すでに完璧なおじさん！

すでにあなたはおじさん度100点満点。おじさん的な魅力は充分です！自信を持っておじさん生活を満喫して下さい！

もくじ

普通のスーツのおじさん ……… 8
偉いおじさん ……… 11
おじさん川柳 ……… 12
案内係のおじさん ……… 13
制服のおじさん ……… 14
休憩中のおじさん ……… 18
お疲れのおじさん ……… 19
暇そうなおじさん ……… 20
たそがれるおじさん ……… 21
缶ビール・缶チューハイおじさん ……… 22
漫画家・清野とおるさんと行くおじさんツアーin赤羽 ……… 24
半ズボン+革靴のおじさん ……… 27
ラフなおじさん ……… 28
休日のおじさん ……… 30
旅行中のおじさん ……… 31
おやじバンドに潜入 ……… 32
おっちゃん探訪 ～大阪・名古屋～ ……… 34
島のエロじじい ……… 40
ギャンブル場に行こう ……… 42
ハイウエストのおじさん ……… 44
ぽっこりおなかのおじさん ……… 45
酔っ払いのおじさん ……… 46
麦友会に行ってみた ……… 48
うるさそうなおじさん ……… 50
何となく嫌なおじさん ……… 51
正体不明のおじさん ……… 52
いやらしいおじさん ……… 54
ニューフェイス系のおじさん ……… 55
ちょいワルおじさん ……… 56
アート系のおじさん（デザイン系） ……… 58
アート系のおじさん（ファイン系+フェス系） ……… 60
仙人おじさん ……… 62
手作りハウスのおじさん ……… 63
有名人のおじさん ……… 64
スポーティなおじさん ……… 65
リュックのおじさん ……… 66
手ぶらのおじさん ……… 67
人の物をのぞくおじさん ……… 68
愛読誌別おじさんチェック ……… 69
カメラ好きおじさん ……… 70
秋葉原のおじさん ……… 72
2人組のおじさん ……… 74
夫婦でいるおじさん ……… 76
部下といるおじさん ……… 78
不倫してる？おじさん ……… 79
おじさんにモテる女性たち ……… 80
夏のおじさん ……… 82
おじさん基本のシャツ ……… 84
全身白っぽいおじさん ……… 90
全身茶色っぽいおじさん ……… 92
おじさん基本の帽子 ……… 93
NIKEキャップのおじさん ……… 96
怪しいヘアスタイルのおじさん ……… 98
ユニークなヘアスタイルのおじさん ……… 100
あほ面のおじさん …… 102
おじさんぽい子供 …… 103
かわいいおじさん …… 104
マスターのおじさん …… 106
おじさんインタビューカタログ …… 107
おじさん力に学ぶ …… 118
野宿者のおじさん達に会いに行く ～ドヤ街で炊き出し体験～ ……120

NO. 01

普通のスーツのおじさん

いわゆるサラリーマン。特に目立つところはないが、良くも悪くも社会と太くつながっているゆえに出てしまう、サラリーマン的動作には、他では見られない滋味深さがある。

娘のおさがりと思えるピンク色のDSに、江ノ電のストラップ。家庭が垣間見えてほっとする。[6月 内幸町]

最先端のモノを身につけつつ、誇示はしない、ハイレベルなサラリーマン。モテそうだが、真面目な為それ程でもない。[6月 三田線内]

昼休みの1コマ。今日は何たべようかな～と、腕を後ろに組むとほのぼの感が出ていい。(→p.20)

何があったのか、歩きながらしかめっ面で大股歩き。話しかけないほうがよさそう。
[9月 神保町]

若手の部下に劣らずジャストフィットのスーツで、ちょっとイケてる風の立ち方は隙がなく、小うるさそう。[6月 新橋SL広場]

ネクタイをシャツの中にしまっている。やっている人はいそうでいない。[9月 新宿駅]

THE STYLE

2WAY ビジネスバッグ

スーツにあわせるのは、2way ビジネスバッグが主流。パンパンにつめて、ひもを長めに背負うのがおじさん流。重そうだ。

[9月 新橋駅]

※2wayビジネスバッグとは、手持ちも肩掛けもできる、ナイロン素材のバッグ。

バザールでござーる
1991年にCMで登場し、有名になった。
テーマソングを歌える人はアラサー!

部下とランチに行くところ

脱いだジャケットは抱え込むのでなく、担ぐ!

[9月 四ツ谷駅ホーム]

ブルーのＹシャツは汗染みがよく目立つが人気がある。暑さと鞄の重さで両肩ぐっしょり。猛暑でも、営業先へ今日も行く。

[8月 台東区]

基本のクールビズスタイル。社員証は胸ポケットへ。袖をまくると、働いている感が出てちょっとよい。

[7月 名古屋]

スーツは暑い。汗がとまらないので四つ折りのミニタオルやハンカチで額をおさえる。[8月 不動前駅ホーム]

出張中。席についた途端にすばやく靴を脱ぎ、くつろぎ体勢に。缶ビールとおつまみで一杯やるパターンも。

[12月 スーパーカムイ車内(札幌→旭川)]

じゃ！ 同僚と別れる時はこの挨拶。小気味よい。

[7月 大阪駅]

週刊誌
車内で何か変な臭いがすると、一番初めに疑われる…

CHECK POINT《おじぎ》

改札前で取引先に最後の挨拶。グレーのスーツのおじさん、100点満点のおじぎ！右端の若者はまだまだだ。

相手が見えなくなるまで深々としたおじぎは続く。2人とも足の伸びがほぼ一緒。

いやーどうもどうも！左手を挙げつつのパターン。

そしてやはり相手が背を向けても深々とおじぎを続ける。ほぼ直角！お見事としか言いようがない！

総合評価

POINT 50

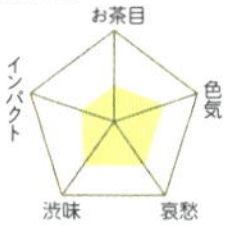
お茶目
色気
哀愁
渋味
インパクト

ただし、おじぎは120点！

プライベートもついおじぎ

私服なのに、左のおじさんはつんのめりそうなほど背筋を伸ばし、別れの挨拶。このような芸当がすぐにできるわけはなく、長年まじめにおじぎし続けてきたことがよくわかる一コマ。頭が下がる。

NO. 02

偉いおじさん

社長・役員クラスのおじさんのこと。初対面で事情を知らなくても「この人えらいんだ」と思わせるオーラがある。代々続いている会社の場合、大きく分けると初代と２代目以降は違う雰囲気を持っている。初代はいかにも社長らしい雰囲気。

為になるな…
聞いたことあるけど…

そりかえった座り方が偉いっぽい。動作が大らかで声が通る。
[1月 田原町]

ピカッ

THE STYLE

気品溢れる社長

初代が豪快なら、２代目以降は上品なことが多い。おじさまと呼びたくなる。全身から品が溢れ出ていたのと、靴が輝くほど磨き込まれていたのでただ者ではないと思ったら、某老舗和菓子屋の17代目社長だった。
[1月 六本木]

体格がよく、落ち着いていて、わっはっはっはと豪快に大きな口を開けて笑う社長のステレオタイプのようなおじさん。某百貨店の初代社長。
[6月 某テレビ番組]

大手出版社の４代目社長。初対面の筆者の質問にも丁寧に答えてくれた。インタビューは(→p.111)

総合評価

POINT
75

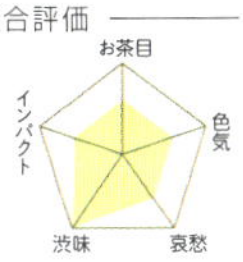

お茶目
色気
哀愁
渋味
インパクト

社会的にプラス25点

三代目は？

た○めいけん
三代目
ナイ○レストラン
三代目

なぜか代々続く老舗飲食店の三代目社長は、ちょびヒゲだったり黒かったりと、ちょっとチャラい傾向がある。チャラいと言うと聞こえは悪いが、代々続いてきたものに、新風を吹き込む稀有な存在とも言える。

COLUMN

おじさん川柳

よく見かけるおじさんの生態を、川柳風に詠んでみよう。

やらしいおじさん話が長い

えらいおじさん靴光る

あつい日は、パチンコ行って涼みたい

おみやげTもしっくり着こなす

キメすぎるとなんだかコワい

趣味も似てれば格好も似てる

似ている夫婦は良い夫婦

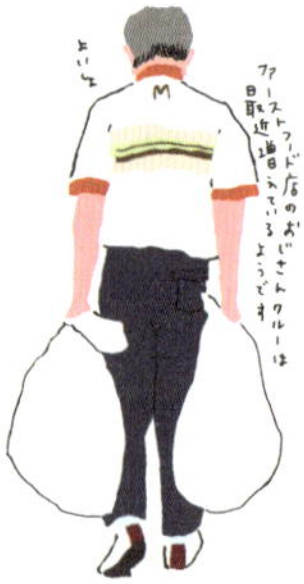

なんとも言えない小さな背中

ゴルフじゃなくてもゴルフシャツ

NO. 03

案内係のおじさん

銀行や百貨店、施設などでお客様の案内をするために立っているおじさん。親しみやすさで選抜されているのか、話し好き、世話好きで、人を緊張させないたぬき顔の人が多い。姿勢はやや前のめり気味。

こちらでチラシをお配りしておりますよ
えー いらっしゃいませ
京王
京王

見た目は何てことないおじさんだが、英語が堪能。自ら外国人に話しかけて道案内。頼れる。
[6月 浜離宮]

人気物産展の駅弁大会のメイン受付にいたおじさん。まさにたぬき顔。はっぴがよくお似合いだ。
[1月 京王百貨店]

暇でお節介な案内係のおじさん。話がとまらず、お客のサラリーマンが若干引いている。[11月 都内UFJ銀行]

京都駅前でバスの案内。「どこ行く？ほんならこのバス」と観光客をテキパキさばいていた。早すぎて、その様子は、まさに生き字引。
[9月 京都駅前]

3人も勢ぞろいで尋ねやすい。白いジャケットで清潔感と存在をアピール。いい百貨店だなと思う。

総合評価

POINT 82

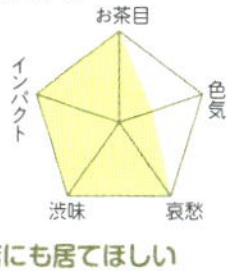
お茶目
色気
哀愁
渋味
インパクト

どこのお店にも居てほしい

おじさんの天職！

年の功で、知識量が豊富＆ほどよく肩の力が抜けたおじさん達。どんなことを聞いても「は？」と冷たく返されることがなく、尋ねやすい。案内係はおじさんにぴったりの職業だ。

制服のおじさん

制服を着て働いているおじさんのこと。ビシッとキメてかっこいいおじさんもいれば、ファーストフード店の制服などは私生活を想像して少し切なくなることも。また、同じ格好で並んでいると、ビジュアル的におもしろい。

通学路でにこにこ立っているみどりのおじさん

[地域密着系]

定年したおじさんが地域貢献でやっている場合が多く、呑気な感じ。「いってらっしゃい」と声をかけたりして面倒見のいい人も。

緑のおばさんならぬ、緑のおじさん。学童擁護員というそうだ。子供と仲良しで、ほのぼのしている。

[6月 白山駅近く]

放置駐輪を取り締まるおじさん達。寒い日なのでポッ◯レモンを飲んでいた。呑気。

[2月 新宿]

台東区
自転車指導員

自転車の違法駐輪を取り締まるおじさん。[4月 上野]

防犯パトロールのようだが、にこにこしたおじいさんばかりで緊張感ゼロ。

公園の散歩道で休憩中の３人。昼食後に気抜けしたおじさん達が、小さな椅子に座っていた。同じような体型の３人が同じ制服で並ぶと、三つ子のようでおもしろい。

[4月 四谷外濠公園]

撮ってんのかな
おい、こっち
へ?
撮ってどうするのかね
こんなおやじ

相当暑い日
で、ぐったり

明日は雨みたいですけどね

［警備員系］

お客さんとだべる人もいれば、気品がよかったりとタイプは様々。その場所と似た雰囲気のおじさんが警備していることが多い。

猛暑の中、線路でOKサインの旗を上げるおじさん。しんどそうで、「助けて～」と言っているように見えた。
［9月 四ツ谷駅線路上］

パチンコ屋の前に立っているおじさんは、おばちゃんのお客さんと世間話。下町感がよく出ている。
［4月 亀戸駅近く］

オーライ
オーライ

黒い
あちぃ
腰に手を当てるのが、おじさんの証拠

伊○丹の駐車場の入り口で車を誘導する警備員のおじさん。芸人でものまねをする人もいるが、なかなか特徴的。警備員としての誇りがにじみでていて、品がある。百貨店の縁の下の力持ち。［9月 新宿］

ドヤ街近くの工事現場。痩せ型で日焼けしていて、妙な凄みとアウトロー感があった。
［7月 南千住駅近く］

電車の中で文庫本を熱心に読むおじさん。膝には黒いセカンドバッグが置いてあった。ちなみに文庫本のカバーは外してある。

[6月 目黒線内]

髪型はこざっぱりしている

[技術職系]

作業着がトレードマーク。やることが明解ではっきりしている。普通のおじさんだが、顔に締まりがある人が多い。

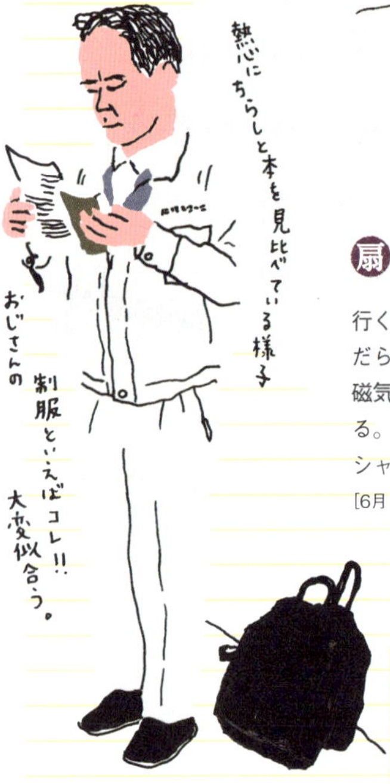
熱心にちらしと本を見比べている様子
おじさんの制服といえばコレ!!
大変似合う。

なにげない格好だがよく似合う。老眼らしく、眼鏡をおでこのところに上げている。朝食はパンではなく和食を好み、干物が好きそう。渋味度高め。

[7月 京急蒲田駅]

扇子と単行本を持ってどこかへ休憩に行くところ。休憩前でもだらけた雰囲気がない。磁気ネックレスをしている。作業着の下は白いTシャツが基本。

[6月 日比谷]

扇子

仕事中の手ぶらのおじさん（→p.67）。作業着は「テキパキと働いている感」が出るせいか、わりと格好良く見える。

車の修理をしているおじさん達。つなぎがよく似合っている。白髪具合がそっくりでまるでひとりの表裏図のよう。

マクドナルドのゴミ出しをするおじさん。暗闇に消えていく猫背の背中からは、切なさがあふれていた。[7月 水道橋駅付近]

ガソリンスタンドで働くおじさん。申し訳ないけど手つきが不安！
[9月 千葉県]

[アルバイト系]

一般的に学生の割合が多い場所で働いているおじさん達。何とも言えない切なさを誘うが、おじさんらしさを発揮して人気者になることも。

ゆ○パックの配達をしているおじさん。体力的に厳しいせいか、おじさんの配達員はほぼ見かけない。たしかに重たいものを運んでいる様子は、腰など大丈夫なんだろうかと心配になる。
[9月 御茶の水]

都内某所のモ○バーガーで働くおじさん。ファーストフード店らしからぬのんびりとした動きが、店の雰囲気とマッチしていて、おじさんがいるから癒されるという良い例。

総合評価

POINT 53

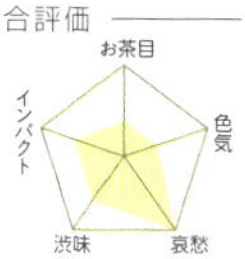

ただし数人でいると高インパクト

なぜかおもしろ写真に

若者が上司のおじさんに怒られているところ。深刻な場面だが、青い制服でおじさんの美しい立ち姿が強調され、コントのような滑稽さが出ている。ちなみに一時間以上説教をしていた。長すぎる。

NO. 05

休憩中のおじさん

仕事の合間に休んでいるおじさんのこと。休日ほどリラックスしてはいないけれど、ほどほどに気が緩んでいる感じがよい。ひとりだったり、仲間とだったり、職業や性格によって休み方は色々。

散歩中に、駅前のオブジェにちょっと腰をかけて、目をつぶっているおじさん。高さがちょうどいいみたい。[9月 東長崎駅]

手にはタバコ、エプロンのポケットには新聞を挿して。これぞ究極の休憩スタイル。[1月 堀田(名古屋)]

スポーツ新聞片手にベンチで休憩。ランチを食べた後なのか、お腹が苦しそう。[7月 浜松町]

仕事仲間の今風の若者に、何か相談を一生懸命しているおじさん。残念ながら若者にはピンときていない様子。[9月 池袋]

なんか感じのいい休憩中の3人。

総合評価

POINT 75

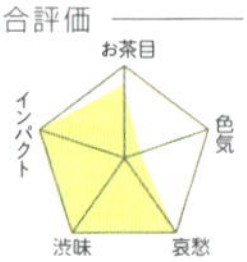

休日とはまた違う顔

タクシー運転手の休憩は楽しそう！

仕事中はずっとひとりのせいか、休憩時間は車から降りて、何人かでおしゃべりしている場合が多い。この三人はかなりリラックスしていて、もう仕事に戻る気もなさそうだ。

NO. 06

お疲れのおじさん

全身から「疲れちゃった感」が溢れ出ているおじさんのこと。仕事が多忙、奥さんが優しくない、体力がないなど、疲れる理由はそれぞれだろうが、くたくたになるまで頑張るおじさんを見ると、つい応援したくなってしまう。

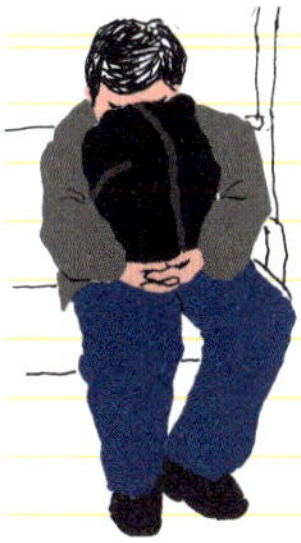

睡眠不足タイプ…

鞄に顔をすっぽりうずめて眠るおじさん。昼間だったので、夜勤明けなのだろう。お願いだから起こさないで。
[11月 総武線内]

暇もてあましタイプ…

立体駐車場の警備のおじさん。ハロゲンヒーターがとっても気持ちよさそう。[12月 神保町]

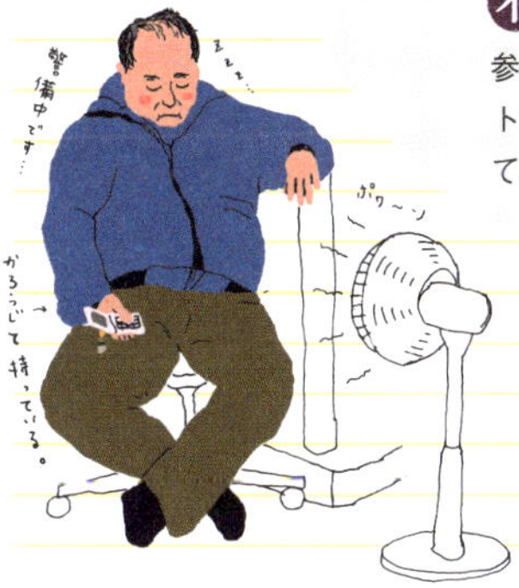

不景気直撃タイプ…

参考書をひろげたまま爆睡。会社帰りに、ファーストフード店で食べつつ勉強か。スキルアップを求めておじさんは今日もがんばる。[6月 神楽坂]

現実逃避タイプ…

飲食店で働くおじさん。「もう餃子なんて見たくない…」とばかりに夢の中へ。
夏に見た同じおじさん。一年中、この場所でくたびれているようだ。

変幻自在の睡眠スタイル！

椅子を2脚使い、外なのに体を横たえることに成功したおじさん。決して褒められた姿ではないが「疲れたから寝たい」という素直な気持ちが表れていて、すやすやと眠っている様子は、見ていて何だかなごむ。

総合評価

POINT 76

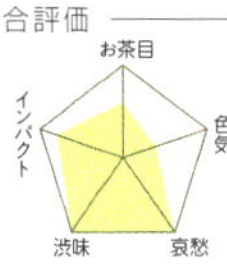

応援する気持ちを盛りました

NO. 7

暇そうなおじさん

手を後ろで組み、ゆっくりゆっくり歩く。ショーウィンドウがあれば、何となくのぞいてみたり、古本屋の店先の100円コーナーを物色したり「時間だけはたっぷりある様子」が見て取れるおじさんのこと。つられてのんびりしたくなってしまう。

紳士服のオーダーメイドシャツ屋のショーウィンドウをしばらく眺め、歩き出したところ。［1月 目白駅付近］

ただただ濁った池を眺める。この状況、想像しただけで退屈だ。［3月 中野区］

古本市を物色中。暇そうな上に、このおじさん、見事なおじさん基本スタイル（→p.84）である。［10月 神保町］

何を食べようか？ラーメン屋の前で散々悩むおじさん。5分ちょっと一歩も動かず。程しばらくして、見事入店。［2月 中野区］

暇すぎて、修行僧に話しかけてしまっているところ。

総合評価

POINT
78

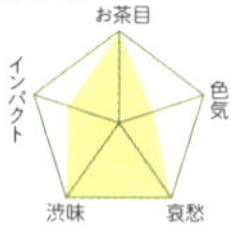

定年後のおじさんは暇を満喫中

とりあえず手は後ろで組む！

自分でやってみると、これだけで簡単にのんびりできることがわかる。なぜなら手が振れないので早く歩けないし、首が少し前に出て、モノを見る集中力も上がるような気がする。やや年配の方に多い。

NO. 08

たそがれるおじさん

上の空でぼんやりと考え事をしているおじさんのこと。若い人なら悩み多き年頃かな、なんて詩的にうつるけど、おじさんの場合は人生経験が豊富なため悩みも重そう。でも、もしかしたら何も考えずぼーっとしているだけかもしれない。

夜ガードレールに腰かける、ジャイアンツグッズを身に付けたおじさん。試合結果は一目瞭然。
[8月 池袋]

池を眺めながら一服。背中から哀愁がぷんぷんするが、あ～タバコうめえな。と思っているだけかも。[7月 舎人公園]

名古屋場所が終わっても、ずっとひとりで座っていたスーツ姿のおじさん。ロマンスグレーで真面目そう。
[7月 愛知県体育館]

花火終了後、みんな帰る中、ひとりで微笑むおじさん。懐かしのあの娘のことでも思い出しているのだろうか。
[8月 江戸川土手]

総合評価

POINT
77

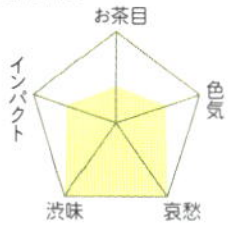

哀愁度 No.1

たそがれるを通り越して放心

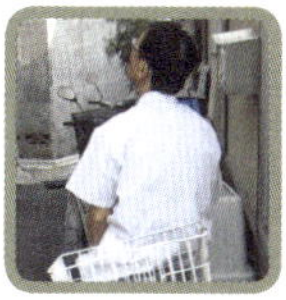

スクーターに腰かけ、白い壁をみつめている。心ここにあらずといった感じ。かなり上の方を見ている。何か失敗して、親方に怒られたのだろうか…。どうせなら景色のいい所で放心したいものだ。

NO. 09

缶ビール・缶チューハイおじさん

休憩中や仕事帰り、休日などに、外で缶ビールやチューハイを飲みリラックスしているおじさんのこと。人気は、安さが売りの新ジャンル（クリアアサヒなど）。一番搾りも根強い人気。おじさんウケが良いとされている壇れいの金◯は実は若者にウケている。

台の高さよし
見晴らしよし
キリン一番搾り500ml缶

ちなみに平日の午後2時
キリン一番搾り350ml缶
パンとかおにぎりとかが入っているケース

コンビニの前に特等席をみつけたおじさん。飲み足りなければすぐ買えるし、たしかに便利。
[10月 浅草]

品川駅の連絡通路で、立ち飲みしているおじさんは多い。線路を見下ろしながら悠々と。右足を左足にからめる定番ポーズで。[9月 品川駅]

のどごし生350ml缶

仕事帰りか、夕暮れ時にビールを飲むおじさん。こなれた感じで、ぐびっと美味しそう。

身なりのきちんとしたおじさんはこの後、紺色のハンカチで缶の下を拭いていた。丁寧にのどごし生（新ジャンル）を扱う。
[9月 湘南新宿ライン]

いやあかみさんがうるさいんだよ
時間まだいいんでしょ？
タカラ
canチューハイ
レモン250ml缶

キリン
麒麟
500ml缶

池を見ながらホッと一息。これからまた夜勤の仕事かもしれない。発泡酒が切なさを誘う。

[4月 上野不忍池]

向かいのキオスクで買った缶チューハイを片手に立ち話。左のおじさん帰りたそう。

[9月 東長崎駅]

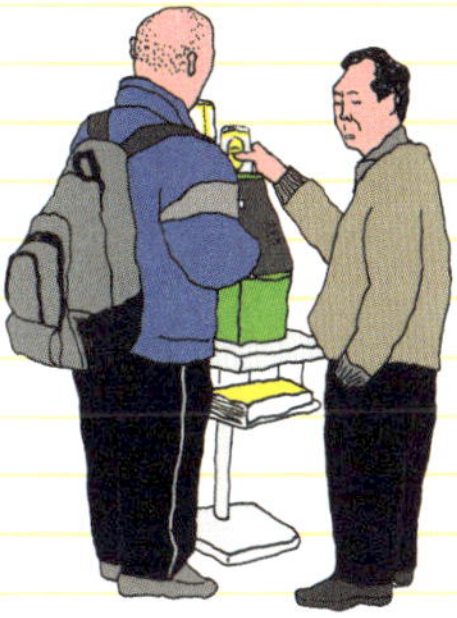

コンビニ脇の公衆電話の上をカウンター代わりに。右のおじさんはサントリー角ハイボール350ml缶。

[11月 品川駅構内]

今日も働いたな
クリアアサヒ
500ml缶

途中でおつまみを買い足す。「おい、カップラーメンいいのか」などと慣れた感じ。ちなみにのどごし生（新ジャンル）とヱビスビールを1缶づつ。

大仕事が終わったのか、車内だけど満ち足りた表情でゴクッと。ぽっこりおなか。

[10月 山手線内]

総合評価

POINT 83

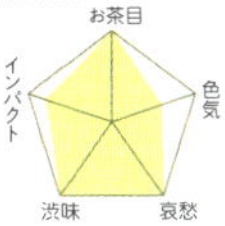

お茶目
色気
哀愁
渋味
インパクト

幸せそうなので高ポイント

お酒があれば飲み屋いらず！

東京駅構内の閉まった窓口を利用してビールを飲む。これから旅行に行くのだろう、新幹線の発車時刻まで時間をつぶしている様子。話もはずみ、すでに出来上がった感じで、まるで立飲み屋状態に。

COLUMN

漫画家・清野とおるさんと行く おじさんツアー in 赤羽

絶対に面白いおじさんを知っているはずだから紹介してもらおう！ と、お願いしたのは、漫画家の清野とおるさん。赤羽に住む、変で愉快な人達を紹介した漫画「東京都北区赤羽」(Bbmf マガジン刊) を描いている。こんな写真載せていいの！？　とびっくりする構成で、ふざけているようで愛の溢れるとても面白い漫画だ。清野さんはお忙しい中、当日の計画まで立ててくれた。赤いおじさん宅 → ちからマスター宅 → 霊感おじさんと合流。という漫画のファンにはおなじみの面々を中心とした特濃ツアー。前半の２つが「家」というのが、清野さんとおじさん達との密度の濃さを表している。

真っ赤な大塚さん

待ち合わせはもちろん JR 赤羽駅。清野さんと、編集のＫさん＆わたしは初対面なので軽く挨拶をし、さっそく徒歩で赤いおじさんこと、大塚さんの家に向かう。郵便受けには「漫画家 清野とおる協賛会」と手書きで付け加えてある。清野さんのことが大好きらしい。部屋にお邪魔すると、真っ赤な大塚さんが立っていた。「靴はここにおいてね」と、いたって普通の様子。部屋の中は真っ赤ではないものの、所々に差し色のように赤が使われている。そして、日曜大工が趣味というだけあって、手作りの物がいっぱいある。それがどれもハート型であったり、顔がついていたり、どこかちょっとかわいい。大塚さん自身も、強烈な赤を着ているはずなのに、ど派手というより、いい感じにまとまっていてよく似合っている。もっとくどいおじさんかと思っていたので意外だった。恒例のインタビューを始めると (p.112 掲載)、趣味、関心事など、大半が歌の話になった。大塚さんは歌が大好き。居てもたってもいられなくなり、とにかくカラオケに行こうとなった。清野さんは頑なに「目立ちたくない」と言って、どこかへ消えてしまった。３人で大塚さん行きつけのカラオケ喫茶へ。ちなみにカラオケ BOX は牢獄みたいで嫌とのこと。大塚さんはアイスコーヒーを注文。甘いものが好きらしく、シロップをたっぷり入れ、「(かき混ぜたときに) スプーンが砂糖で重くなるほどいい」と不思議な表現をしていた。ポケットからリクエスト

本当に真っ赤！

僕は行きませんよ。と清野さん

カードをおもむろに取り出すと、曲の番号を書き始めた。よく歌う曲の番号は暗記しているらしい。1曲目はピンクレディの「UFO」。次はSPEEDの「Body&Soul」。本当は2曲目にスガシカオの「イジメテミタイ」を歌おうとしていたようだが、リクエストに応えてくれたのだ。トントンと足でリズムを刻んで、ちょっと演歌調な感じのためを作りながらラップの部分もすべて歌い上げた。正直、真っ赤なおじさんの歌声を聴けるなんて思っていなかったので感動した。こんなに派手なのに、ちょっと恥ずかしそうなところがまたいい。次の予定があるので申し訳ないけど切り上げることに。帰りの道すがら「死ぬまでに歌のバトルをやりたい」と闘志を語っていた。大塚さんは「じゃあね」と言うとテクテクと家に帰っていった。暗闇でも目立つ大塚さんでした。

笑顔！ 持ち歌は5000曲以上。演歌からガガガSPまでと幅広い

さすが！ ちからマスター

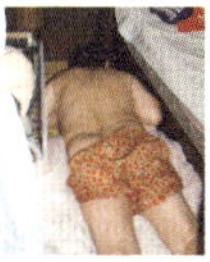
マスターとの初対面

さて、赤羽駅に戻り清野さんと合流し、続いてちからマスターの家に向かう。ちからのマスターというのは、赤羽にあった居酒屋「ちから」というお店のマスターで、漫画のメインといえるほどよく登場する人物だ。途中のコンビニで差し入れのビールや、肝硬変療養中のマスターのためにノンアルコールビールを買い込み、ピンポーン！　出てきたのは、あの悦子ママ。マスターの奥さんで、ちからを切り盛りしていたママだ。さっそくお邪魔するものの、なんと肝心のマスターは午前中に睡眠薬を大量に飲んだせいとかでベッドから落ちた状態でパンツ一丁のままガーガーと眠っている。話しかけると一応返答はあるので、その状態で質問することになった。前代未聞の裸同然、うつらうつらインタビュー！

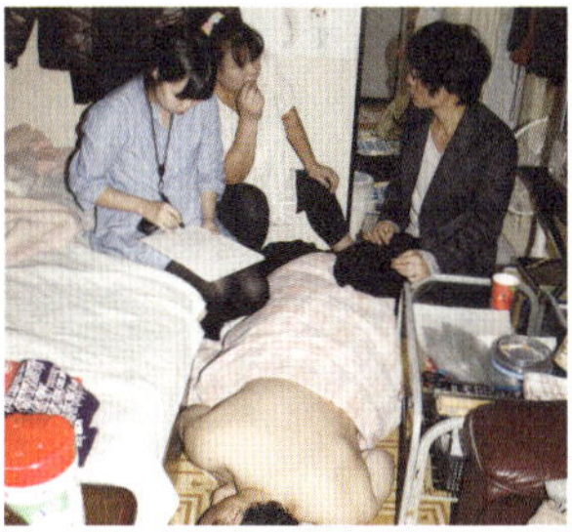
寝たままインタビュー開始

清野さんはここぞとばかりにマスターのパンツをずらして写真を撮ったりしている。何なんだこれは。悦子ママがマスターをひっくり返したので、大事な部分も見えてしまったが、色々なことが非日常すぎて、驚くのを忘れてしまった。マスターが書いたという小説の冊子をいただいたのだが、清野さんが「編集者さんが来ているので見せましょう」と言うとマスターは朦朧としつつも「編集長に見せて…」な

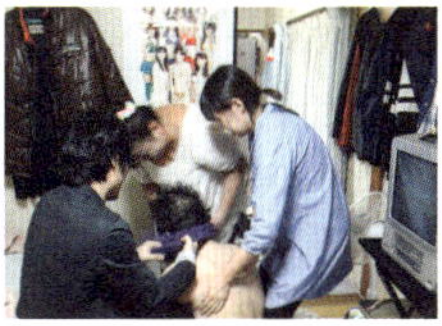
3人がかりでTシャツを着せる

どと抜かりない。途中、起き上がりたそうだったので、みんなで起こすと「すがすがしい…」とすごくいい顔をしていた。清野さんの漫画で、マスターの飛び抜けた変態ぶりは見ていたものの、これほどとは思ってなかった。そして、そんな破天荒なマスターが大好きでしょうがない清野さん。赤羽ってなんだろう！

すがすがしい…気持ちいい…

霊感の羽田さん

ついつい23時近くなってしまった。続いて霊感おじさんと赤澤氏（赤羽の変さを愛する、気さくな清野さんのお友達）が合流して、霊が出やすいという公園に来てもらった。霊感おじさんは羽田さんというのだが、もっとあやしげなのかと思えば、全く違った。むしろおしゃれでスマート。なのに、清野さんと友達だったり、こんなに遅くに呼び出されたのに全然余裕だったり、質問に淡々と答えてくれたり、あれ？ なんか余計に変だ。家族もいるというが生活感もない。そしていつも見えるという場所に連れて行ってもらった。わたしもちょっとだけ霊感があると思っていたので、能力が開花しちゃったらどうしようとワクワクしていたのだが、全く見えなかった。羽田さんにはうっすら見えたらしいのだが、ちょうど車が通った時に「ああ今いなくなったね」とスマートに言っていた。羽田さんは昔、某テーマパークでクレーム処理をやっていたとかで、そのせいかわからないけれど、感情をストレートに出さない不思議な感じがあった。最後に赤羽の飲み屋さんでみんなで飲み、とても楽しい取材だった。赤羽はものすごい濃いのだが、それをさらっと受け入れている変な街だった。

不思議な雰囲気の羽田さん

赤羽は濃い！

マスターには後日談がある。私たちが帰った後、昏睡状態に陥り、救急車で運ばれ、集中治療室行きとなったのだ。「あれが最後の姿だった…」なんてことになったらどうしようと心配したけど、３日後には退院したらしい。やはり、マスターはいつでも想像以上だ。

どこどこ？

恥ずかしいほど、同じ格好をしてきてしまった編集Ｋさんと筆者。これも赤羽の不思議な力のせい!?なんちゃって。

このかぶり方はひどい

NO. 10

半ズボン＋革靴のおじさん

普段はびしっとスーツでキメているため、革靴しか持っていないおじさんが、取り急ぎズボンだけ短パンにするとこうなる。きちんとしているのか、していないのかよくわからない独特な格好である。理由はただひとつ、暑いから。

東大付近で見かけたので、偉い教授かもしれない。靴下がふくらはぎくらいまであるのも特徴。

[8月 東大付近]

おじさんは自転車に乗っても姿勢がいい

小径車と黄色いシャツで軽やかなのに、革靴だけが浮いている。でもそんなことはおかまいなく、颯爽と人ごみを抜けていった。

[5月 四ツ谷駅前交差点]

野球を見てきた帰り。

[8月 神宮球場近く]

露出部分は10センチくらい

上はゴルフシャツ。きちんとズボンの中にしまって。

[8月 六義園]

砂が入って歩きにくそう

海岸での散歩中。ビーチサンダルが主流の海で、スニーカーを通り越しての革靴。

[7月 辻堂海岸]

総合評価

POINT 66

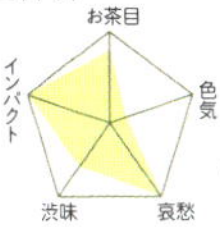

お茶目
色気
哀愁
渋味
インパクト

この違和感は唯一無二

ついやってしまうというKさんに質問してみた。

K 何でって（革靴しか）無いんだよ。**著** でも半ズボンは買うってことですよね？ **K** そうだよ、暑いもん。**著** では靴下が長めなのもこだわりはない？ **K** そうそう。でも僕なんかこんなの履いてるよ。まだあがいてるってわけ（笑）！

スニーカーソックス
こんなの

NO. 11

ラフなおじさん

外なのに、家着のような無造作な格好をしているおじさんのこと。人に見られるからと気負わない感じがいかにもおじさんぽくてよい。しかし、うっすら黄ばんだTシャツなど汚れたものを着ていると、みっともないと言われる可能性大。

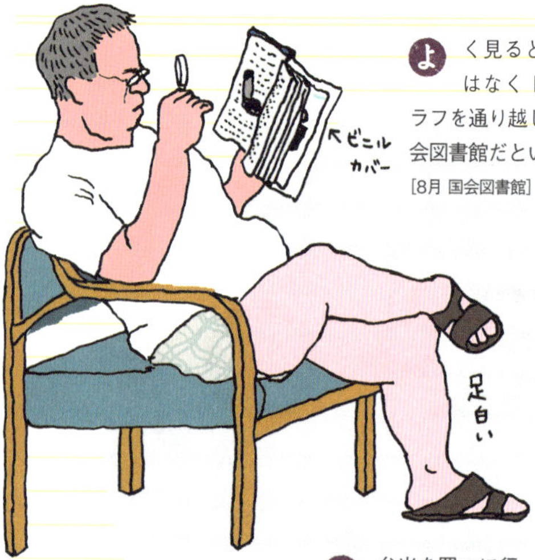
ビニル
カバー
足白い

よく見ると、短パンではなくトランクス。ラフを通り越している。国会図書館だというのに。

[8月 国会図書館]

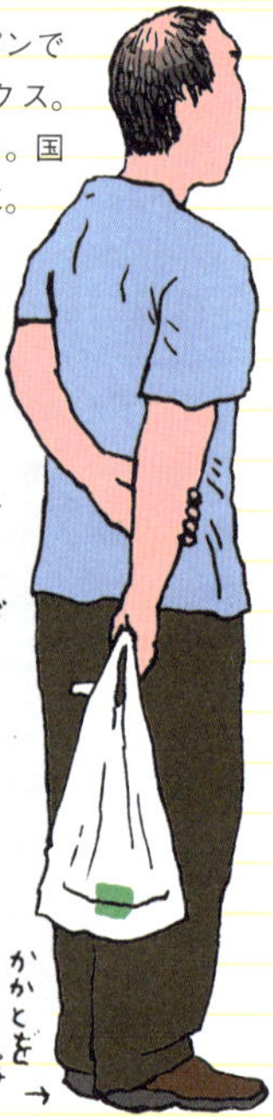
信号を待ちながらつま先立ち運動
かかとをちょっと浮かせている

弁当を買いに行った帰りか。スラーっとして、生活感がなく、独身ぽい。

[7月 白山]

人気のレトルトカレーをお買い上げ袋に。

下町のお惣菜屋さん。ド ラ○もんのパクりのようなキャラクターのTシャツをジャージにIN。見ためより味重視。

[8月 立石]

駅の構内だというのに見事な家着。

昭　和臭漂うはんてんを、コート変わりに。着込みすぎて小顔に見える。

[2月 梅屋敷]

上　半身は素肌が丸見え。筋肉質ならセクシーかも知れないが、あばら骨が見えるので、なんだか切ない。

[7月 東麻布]

T　シャツとサンダル、手提げバッグで若者風。

[8月 新宿]

炎　天下の中、散歩。肘先以外は白いので、日焼けしたいのかも。

[8月 平和島]

紺色で揃えても、ジャケットを羽織っても、革靴でも、ジャージが強い家着感を放っている。

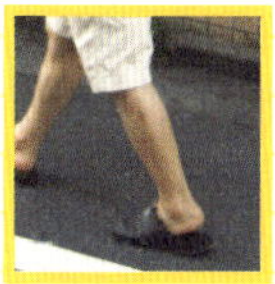

外でもスリッパ。

総合評価

POINT 65

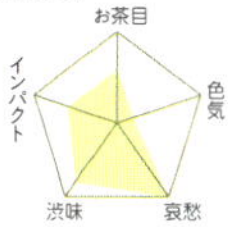

フリーダムを生きている

ラフだとあまりかわいくない？

ややみっともなくラフな芸能人といえば蛭子さん。ブログを見ると、下着姿でリラックスしてアイス（ガリガリ君）を食べていた。おじさんぽいけど、かわいくはない。漫画家としては尊敬しています。

NO. 12

休日のおじさん

休日を過ごすおじさんのこと。自分の趣味を楽しんだり、奥さんや子供に付き合って家族サービスをしたり、何もしないなど、過ごし方は人それぞれ。休みだからと思う存分気が抜けている様子は、羨ましくなる。

30品目
バランス
弁当

新宿駅のホームで駅弁を食べるおじさん。電車で食べるはずが、時間が足りなかったのか。

[6月 新宿駅]

帽子を手すりにすっぽり
はめて、座り慣れた感じ。

ラフな格好をして、昼間の公園のベンチで、何をするわけでもなくぼーっとするおじさん。[5月 林試の森公園]

中にはペット
ボトルのお茶

写生するおじさん。初めてなのかちょっと不慣れな感じ。画板がないと疲れそう。

[6月 小石川植物園]

サンタ・
ルチア
(ナポリ民謡)

若者の後ろで、本を読みながら、カラオケの部屋が空くのを待つおじさん。娘の結婚式ででも歌うのだろうか。

[1月 新宿歌広場]

総合評価

POINT

75

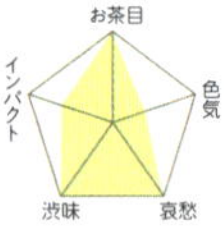

お茶目
色気
哀愁
渋味
インパクト

地味だけど哀愁高ポイント

楽しそうな3人組

銀座の歩行者天国の真ん中のフリースペースで暇つぶし。それぞれの奥さん同士が買い物をしているのを待っていると思われる。やれやれという表情をしながらも、何となく楽しそう。

旅行中のおじさん

夫婦で、友達仲間でと、おじさんは旅行が大好き。5人以上の大所帯で毎年どこかへ出かけたりするおじさんも多い。ジャケットは必須。野球帽が人気だが、初老になるとハットに。

電車の
←手すり
オレンジブゾンがいかが
関西っぽい

ジャケットに野球帽も、根強い旅行スタイル。なんかの審判に見える。

[11月 山手線内]

おい、もう行こう

海をながめ
ながら

本物か偽物かわからないが、某ブランドの大きな旅行鞄に大きめな名札が。手書きで藤田と書いてあった。旅の達人か初心者か。

[5月 伊豆急行線内]

いいセーター
きてるな

総勢8人で旅行中。きっと面倒見のいいおじさんがひとりいるのだろう。[1月 東京駅]

ベストにジャケット、ボストンバッグにお土産。これぞおじさんの基本旅行スタイル。

[4月 上野公園]

くっつきすぎ。

総合評価

POINT

74

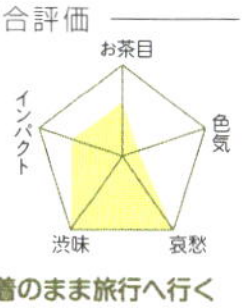
お茶目
色気
哀愁
渋味
インパクト

若者は、普段着のまま旅行へ行く

旅行話は酒の肴

年に2回ほど仲間と国内や海外へ。パスポートを紛失し大使館へ行った、調子に乗って大けがをしたなどの旅行中の珍事件は、後々も飲み会のネタに。写真はタイのホテルのプールでポーズをとる石井さん。

おやじバンドに潜入

おやじバンドといえば、ベンチャーズやビートルズあたりを想像する人が多いと思う。確かにその手の音楽は多いのだけど、何を演奏するかで語りきれないのがおやじバンドの醍醐味だ。

おやじバンドフェスティバル

テレビでたまに放送されているおやじバンドしか知らなかったわたしは、生で見てみたいと思い、都内の某施設で行われる「おやじバンドフェスティバル」を見に行くことにした。400人は入れる立派な会場で、客席は家族などでほぼ満員。トップバッターは70年代風のロックバンド。永ちゃん風のおじさんが赤いスーツでシャウトし、ジャンプ！しょっぱなからとばしている。オリジナルを5曲ほど歌い上げた。ダンスも様になっていたが、後でバンド紹介を読んだら、特技は手話で、歌っているときの動きに手話表現を織り交ぜているそうだ。永ちゃん風の動きに手話を加えるとは乙である。他にはまだおやじとは言えない40代くらいのボサノバユニットもいれば、団塊世代でシャドウズを演奏するいかにもなバンドなど様々だ。ほとんどがご近所や会社、家族など近しい間柄で組んでいるようで、時たま人間模様が垣間見えるのが面白い。あるバンドは、3人のおじさんの中にひとり、制服の女子高生が混じってピアノを弾いていた。ギャルではないが、適度に反抗期のごくごく普通の女の子。どうやらボーカルのおじさんの娘らしい。きっと友達の遊びの誘いを断ったりしているのだろう、始終不機嫌そうだった。演奏が終わって自己紹介タイムに入ったが、司会者がいくら進めても前に出てこない。メンバーのおじさんも誘うが、それでも頑なに拒否し、結局一言も発しなかった。嫌々ながらも協力している娘とニヤニヤしているお父さん。渡る世間は鬼ばかりより、よっぽどリアルなおやじバンド家族の様子が見えた瞬間だった。若者のバンドでは見られない奥行きがあって、なかなか見応えがあった。

商店街バンドthe Bucchusに会う

ある日、江戸川橋のオンザコーナーという喫茶店を訪ねた。マスターと話していると、音楽好きで、おやじバンドをやっているという。お願いして練習風景を見せてもらえることになった。

左から元酒屋（Dr）・魚屋（Gt）の耳コピチームと、時計屋（Ba）・マスター（Gt）の優等生チーム。

the Bucchus（ザ・バッカス）は江戸川橋地蔵通り商店街のメンバーで構成されている。メンバーは喫茶店のマスター（Gt）、魚屋さん（Gt）、時計屋さん（Ba）、元酒屋さん（Dr）、ご近所の奥さん

(Key)、そして応援団長。応援団長というのは後で知ったのだが、おじさんというよりおじいさんがひとりいたので「この人も演奏するのか、すごいな」と思っていたら練習室に入るなり端っこにちょんと座って、リズムを刻みながら聴いていたのだった。この日は来月に開催される商店街の七夕祭りに向けての練習。ちあきなおみの喝采や、ベンチャーズ、オプトーン（オリジナル曲）などを一通り演奏。20時から23時まで3時間。ちなみに室料は8,400円で、5人で割り勘（ご近所の奥さんだけ100円引き）だった。練習後は近所の中華料理屋さんへ。結成はもう21年前（7〜8年のブランクあり）。バンドを始めてから、後に3人のおじさん達が同級生ということが判明したらしい。マスターと時計屋さんは優等生で、元酒屋さんと魚屋さんはそうじゃなかったので昔はグループが違い、話したことがなかったそうだ。確かに今見てもタイプがかなり違う。そしてふたをあけてみると、好きな音楽もバラバラ。プレスリー好き、ブルース好きなど。フリッパーというオリジナル曲がかわいくて良かったので、その事を話すと「えー！最初はこんなのやるの？って思ったんだよねえ。でもやってたらよくなってきた」と元酒屋さん。

外で演奏する予定がなくても毎月練習はするんですよ。とマスター（中央）。

時計屋さんが、「この2人はね、耳コピして演奏しちゃうんですよ」と、元酒屋さんと魚屋さんを褒める。時計屋さんは譜面をみないと演奏できないらしく、2人を尊敬している感じがとてもよかった。「それで誰が結婚してるんだっけ？」少々酔いがまわってきたおじさんが余計なことを言い出したので、「ここはみんな独身てことでいいじゃない」とマスターに制されていた。趣味も性格も違うのに、みんなきっと音楽と商店街が好きなのだ。「それならいいか」という心広い感じがいい。

「応援団長がいないとやりがいがないんだよ」と、メンバー達。観客も重要な役目。　応援団長→

COLUMN

おっちゃん探訪 ～大阪・名古屋～

おじさんの図鑑を作るなら、東京以外も見ておくべきだろうと思った担当編集Ｋさんと筆者で大阪・名古屋取材を決行することにした。夏日真っ盛りの７月下旬、３泊４日の「おじさん」ではなく「おっちゃん」に出会う旅である。

関西のことはさっぱりわからないので、まずは大阪出身の紀子さんに案内役をお願いする。紀子さんは、東京の茗荷谷で「橙灯」という素敵なギャラリーカフェをやっているのだが、よくおじさんネタを提供してくれる頼もしい助っ人だ。

＊　＊　＊

大阪のおっちゃんは、写真を撮る時にポーズしてくれるというのは本当か？

最初のおっちゃんは、髙橋健三さん、通称けんぞうさん。お会いすると「おっちゃん」と言い切るには若干若いけど、コテコテ具合は充分「おっちゃん」である。会社名にスマイルが入っているだけあって、常に満面の笑顔で元気。さっそくお話を伺った。

けんぞうさん

◎51歳　B型　大阪生まれ

今の仕事についた経緯… 印刷会社や広告代理店を経て、43歳の時に現在の株式会社スマイルマーケティングを設立し、代表取締役に就任。

家族… 奥さんと息子２人と犬。

好きなお酒とおつまみ… 梅酒のソーダ割りか角ハイボールとかおすすめのあっさりしたやつ。考えるの面倒臭い。つまみ？あてのことか？じゃまくさい（笑）。

カラオケの十八番… サザン、浜省、加山雄三。

たばこ… 吸うやつアホやん（笑）。

朝食… 缶コーヒーとチーズ蒸しパン。

甘いもの… プリンとかワッフルとかフワフワしてるもんが好き。噛むのじゃまくさい。

東京に行ったら行くところ… かっぱ寿司。大阪は回転寿司がおいしくない。

東京の印象… 東京もんは地味で黒い。カラスかよって思うわ～（笑）。

最後に全身の写真を撮らせて欲しいと言うと、何も言わないのにこのポーズをとってくれた（右上写真）。

噂は本当だった！何なんだろうこのポーズ…やり慣れている！とにかく出だ

しから大阪のコテコテパワーに圧倒された。ちなみにPCメールの書き出しは「まいどおおきに！高橋健三@SMILE-MKです！」。

左：見よ！この安定感！ 中：改発した阪神タイガース公式応援グッズ「眼力めがね」。

もちろん仕事はバリバリ！ちょくちょく取材も受けるほど。ビジネス誌掲載時はスマイルではなくデキる経営者の顔に。

NEXT OJISAN

本場のちゃうちゃう

続いて、紀子さんが昔勤めていた会社の上司のおっちゃんに会いに行く。会社の応接室でお話を聞くことに。珈琲の会社なので、おいしい珈琲が出てくるのかと図々しく期待していたのだが、お茶だった。玉出さんは赤ら顔でつるりとしていると聞いていたのだが、まさにその通り。体格がよく、ゆったりとしていて声が通る。偉いおじさんタイプだ。

玉出(たまで)さん

◎珈琲メーカー 取締役
営業部部長

家族… 奥さんと息子2人（23と26歳）。

家での格好… バミューダにTシャツにスリッパ＋麦わら帽子。（畑で野菜を作ってるので）車にはいつも麦わら帽子を入れてますね。はい。

朝食… 自宅でごはんとみそ汁か、直営店パラソル。

スーツはどこで買うか？… イオン。汗っかきなんです。はい（笑）。

たばこ… 人のたばこをもらうのが美味しい。

お酒… まず生小（生ビールの小）。次は芋焼酎ロック。

あて… 何でもいい。あえて？何やろ？お漬け物、かたい物。

甘いもの… 全然ダメ。

好きなテレビ番組… 水戸黄門。

カラオケの十八番… 演歌、フォークソング、小柳ルミ子、何でも。

インタビューが終わって世間話をしていると、「おっちゃんの取材やろ？おもろいたこ焼き屋のおっちゃんおるけど、紹介しよか？」とその場で即電話してくれた。ササッと地図までプリントアウトしてくれて、デキるサラリーマンの顔を垣間見る。その後、玉出さんがおすすめの難波の居酒屋さんに連れていってくれることに。関西ではポピュラーな鱧を生まれて初めていただき、紀子さんと玉出さんの昔話で盛り上がった。そこで、話の途中にちょいちょい出てくるのが「ちゃうちゃう」。テレビで芸人がちゃうちゃうと言っているのはよく聞くが、仕草付きを見るのは初めてだ。顔の中央のあたりで、指を揃えてピンと伸

ばし、スナップをきかせて「ちゃうちゃう」。キマッっている。

ふと隣の玉出さんを見ると、箸を逆さまに持っている。酔っぱらっているのかと思って「反対ですよ！」と言ったら「やっとツッコんだな」と返された。えっ。たまたま見たものの、店内は薄暗くよく見ないと気付かない。それなのにそんなボケを、もしかしたらずっとやっていたのか…！大阪の人は常にツッコミどころを探していると聞くが、またまた驚かされた。そして明日も再会するとは、この時は知る由もないのでした。

左:あかん時は「ちゃうちゃう」。右:OKの時は、無言でこのポーズ。

元上司の話を聞く紀子さん。大阪のおっちゃんは身振りがひょうきんでいい。

NEXT OJISAN

珈琲はポエムや！

翌日、大阪市内から約30分の八尾市に、紀子さん(→p.34)イチ押しのおもろい喫茶店のおっちゃんがいると聞いてはるばるやってきた。その喫茶店ザ・ミュンヒは駅から少し離れた静かな住宅地にひっそりと建っている。壁面の一部は真っ黄色で塗られていて「珈琲だけの店」とでっかく書いてある。

どこから説明すればいいか迷うほど、とにかく独特な店だ。例えば営業時間はマスター1人で切り盛りしているのに午前7時〜午前3時。マニア向けの創作抽出珈琲は早くても20分はかかり、1杯1,400円。スプーン1杯1,500円の幻の創作珈琲がある。お店の食器はすべてマイセンなどの高級品。「八尾出身の人に、おもろいおっちゃんがいると勧められて来た」と言うと、「え、そうなん？」とすごく嬉しそうな顔をした。

ミュンヒのマスター(田中完枝《たなかかんじ》)さん

血液型… AB型
朝食… 1日1食しか食べへん。(うちの)珈琲飲んだらそれで充分やねん、肌すっべすべやで。さわってみ。
趣味… 詩の創作。

「持って帰ってええから」とメニューを渡され見るものの「うん、これ飲んだらええよ」と半ば強引に創作珈琲スパルタンNo.1というのに決定。すると、珈琲道具一式をわたし達の机に持ってきて、マスターも座る。お湯を注ぎながら、マスターの話がはじまった。

「3時間も寝たらあかんねん、おっちゃん、ごっつパワーあんねん」「この珈琲飲んだら人生変わるよ、ほんまに」「さっき見たら3.85。4.06までいったわ（食べログのポイントのこと）」「珈琲はポエム、人生はポエムポエムポエム…ポエムや！」珈琲の話から、人生観まで大阪弁が止まらない。

途中お客さんが入ってきたが、一言も発しない。マスターもよくわかっているようで、だまって珈琲を出し、だまって飲んで帰っていった。お客さんも変わっている。そしてもうひとり、私達が入店した時から男性客が窓辺でくつろいでいた。珈琲好きの常連客のようだ。話が聞こえたらしく、おじさん取材をすごくおもしろがっている。そして「おねえちゃん来てんの、おもろいおっちゃん知らん？自分？」と、知り合いに電話をかけ始めた。何だかよくわからないが、大好きなミュンヒに取材が来たのが嬉しいようだ。なんと「おっちゃん、あれ出して！俺も初めてやわ！」と、スプーン１杯1,500円の幻の珈琲をおごってくれるという。それは、先程飲んだ濃い珈琲を樽に詰め、マイナス３度の樽の中で14年熟成させたという代物。正直言うと、そんなもの飲めるのかなとドキドキした。出てきた樽は表面がぬめぬめしていてかなり怪しげだ。スプーン１杯の謎の液体を、皆でまわし舐め。何だろう？この状況は…と困惑しながら、恐る恐る口へ運ぶ。幻の珈琲の味は、たしかに味わったことのないものだった。濃厚な酸味の少ないバルサミコ酢のような。おいしい！というわけでもないけど、まずくもなく、でもおいしいです！と言ってしまう凄味がある。ザ・ミュンヒは他に類のないエンターテイメントスポットなので、ぜひ行ってみて欲しいです。後日、マスターは紀子さんの珈琲を飲みに東京までバイクでやって来て、味を確かめると、さっさと帰っていったそうだ。

左：ドリップ中のマスター。創作珈琲スパルタンNo.1はちゃんとおいしかった。 右：幻のコーヒーはこの中に。スプーン１杯1,500円、40ccだとなんと50,000円！

左：女性客に必ずくれるというマスターの青年時代のブロマイド。確かにかなりの美男子。関ジャニにいてもおかしくない。右：書きためている詩集。マスターはお店を開けながら、時間があればたいてい詩を書いているという。中原中也の大ファン。

NEXT OJISAN

わけありのたこ焼き屋

「すごかったね〜」と言いながら、玉出さん（→p.35）に紹介して頂いた「やっこ蛸」へ向かう。着くと、庶民が愛する町のたこ焼き屋さんという感じだ。店内にはテーブルと椅子があり、親子がかき氷を食べていた。おっちゃんは焼くのに忙しそうで、かき氷を食べながら店内で待たせてもらった。働くおっちゃんを見て気になったのが、おじさん的な隙がない。大阪の商売人だからかなと勝手に解釈。仕事が一段落ついたので、お話を伺う。

藤原(ふじわら)さん

◎O型　62歳
好きなお酒… 飲みません、おっちゃんは。
朝ごはん… 食べません。
たばこ… 今はばんばん吸うてますよ。
ギャンブル… 年に競馬を2、3回。

途中で電話が鳴り、「何がこの真夏にメリークリスマスやー！」とニコニコ笑っている。しばらくすると昨日お世話になった玉出さん登場。電話の相手は玉出さんで、私達の様子を見に来てくれたらしい。しかも、私達が食べた分は、ツケにしといてと言い残して帰ったことが判明。なんて粋なんだろう。デキるサラリーマンと大阪の人情を見せて頂いた。

藤原さんの話は饒舌でおもしろかったのだが、経歴の話になると「言うの？いいんかな？」と不穏な空気が。藤原さんは40歳くらいまで、アパレル系の仕事をしていた。会員制のブティックをやって、海外ブランドを仕入れてたとのこと。たこ焼き屋でそんな話が出るとは思わなかったが、藤原さんはどこかおしゃれな感じがしたのはそのせいかと納得。8店も経営して、喫茶店もやったりとイケイケだったみたいだ。そしてその後、何かのきっかけで、○○組と関わるようになる。あまりの急展開に驚く。「今でも若い衆が店の前を通る時は頭を下げんねん(笑)」と、ボケ交じりに話す藤原さん。若い衆…。隙がないのはこういうわけか！はたまたびっくりさせられた大阪だった。

左：次から次へと子供達がやってきて大忙し。「おっちゃん後でそっち持ってってたるからちょっと待っといて〜」

玉出さんのツケになっているとは知らず、食べまくってしまった。右はたこ焼きをたこせんべいで挟んだ「たこせん」。藤原さんの波乱万丈な人生からは想像できない、出汁のきいたふわっとした優しい味。

NEXT OJISAN

実はシャイな名古屋のおじさん

最終日、大阪を後にして名古屋に向かう。ここは名古屋出身の小出君に案内をお願いした。小出君は「テニスコート」というコントユニットをやっている。何か引き寄せる力があるようで、変なおじさんと遭遇する率が高く、話がいつも興味深い。おじさんを紹介して欲しいと頼むと、本当の叔父さん（小出君のお母さんのお兄さん）を紹介してくれるという。

指定の時刻まで時間があったので、街

を散策することに。小出君はまずコメダ珈琲店に入ると、今までに撮りためた変なおじさんの写真を見せてくれ、「この人はこの駅にいつもいますね」などと事前に下準備してくれていた。地元の人は心強い。案内に沿って商店街をブラブラ歩くと、金縁の眼鏡のおじさんが目立つ。やっぱり名古屋は金が好きなようだ。

さて時間になり、叔父さんのところへ向かう。名古屋まで来るとおっちゃんとは言わないそうだ。小出君の叔父さんは印刷業を営んでいる。物知りで、穏やかで、すごくいいおじさんだった。

天野(あまの)さん

◎B型　61歳
家族… 奥さんと娘2人
休日… 休みの日は、ぼーっとしてるかなあ、友達と会ったりね。
今の仕事についた経緯… 大学卒業後、建設会社に就職、ペンションブームで長野でペンション経営、本を読むのが好きなので、本に関わる印刷の仕事を始めた。
夢… 民芸品のお店をやること。
たばこ… 今はやめた。10年前はピースかハイライトを1日2箱。

天野さんの語り口から、小出君が唯一相談できる親戚と言っていたのが腑に落ちた。もうひとり、働いているおじさんがいたのでお話を伺ったが、「ななしのごんべえでいいよ」と言っていた。

名古屋といえば、味噌カツや名古屋嬢など何でもこってりしたイメージがあるけれど、名古屋で出会った人達は、むしろ人が良く控えめで、名古屋の印象はだいぶ変わった。

仕事中の天野さん。友達が集まって、勉強会もしている。夏休みで大学生の娘さんも仕事を手伝っていた。

一見派手だが、細部に一癖ある大須商店街。

自分で集めた変なおじさんの写真を解説する小出君。すごいストックの数だ。

＊　＊　＊

これにて大阪・名古屋の旅は終わり。数珠つなぎのように色々な人に紹介してもらった、おっちゃん旅。おっちゃんと紹介してくれた人との関係性や、コテコテとあっさりの違いが体感できた。濃厚で実りある良い旅でした。

COLUMN

島のエロじじい

自然豊かな島は、都会の女の子に大人気の場所である。まぶしい太陽のもとで、美味しいものをたくさん食べて、島の気のいい人々に囲まれてのんびりしてこよう。そんな幻想を抱いてやってくるお気楽な女の子達に、しめしめとつけこむおじさんが存在する。

29歳Mさんの場合「音読」

Mさんが大学3年生の夏、友達と4人で沖縄へ旅行に出かけた。レンタカーでドライブの旅。1泊1,000円という破格の宿をみつけ、そこに泊まることにした。「近くまで来たら電話して」とのことだったので、途中で電話するとひとりのおじさんが軽トラックでやってきた。そして「オレの前を走れ」と言う。おかしな話だが、深く考えないで車を走らせた。道順は電話で指示された。宿に着いて駐車場に車を入れる時、必然的にMさん達の車が奥に入り、宿のおじさんの車が出口を塞ぐ格好となった。ここら辺りでなんか変かもと心に引っかかるものを感じたが、言ってしまうと予感が確信へ変わると思い、誰も口に出さなかった。宿に入ってみると他のお客さんはなく、部屋がとにかく汚い。10年くらい掃除をしていないような雰囲気で、ほこりが1cmほどたまっているし、大小の虫がぶんぶん飛んでいる。廊下にはグラビア雑誌が山積みにされていて、よく見ると1981年発行のものもある。気持ちが悪い。部屋に荷物を置くと、おじさんに呼ばれた。応接間のような部屋に通され座らされた。

何が始まるのかと思っていると1枚の紙を渡された。どうやら民謡の歌詞みたいなものが書いてある。そして順番に読めという。方言と思われる意味の分からない言葉を音読する。すると「この言葉の意味知ってる？」と聞いてきた。「知らないです。」と言うと「男の人の大事な部分さあ。」「…。」そしてまた続きを読ませ、「この言葉の意味知ってる？」と聞いてきた。「知らないです。」「それは女の人のおっぱいさあ。」「…。」聞いたことのない言葉は性的な俗語の方言らしく、それを読ませて正解を言うのを繰り返したのだった。

終わって部屋に戻り休んでいると、今度は夕飯ができたと呼ばれた。食事はどこからともなくおばさんが現れて、作っていった。汁とご飯のみで、汁の具には黒いグロテスクなものが。イラブー（海へび）汁だったと思われる。

嫌々かき込み食事が終わると「お酒でも飲もう。」と泡盛を持ってきてくれたが、出されたコップは油のようなも

めがねには、
買った時から
ついたまま
と思われる、
シールが。

のがついていて明らかに洗っていない。お酒もノドを通らず、早々に部屋に戻った。すっかりおびえてしまったMさん達は、狭いお風呂に2人づつ一緒に入り、長袖長ズボンに帽子を被り、全身の毛穴を閉じるような気持ちでとにかく就寝し、早朝に帰った。ちなみにおじさんのズボンのチャックは始終あいていたという。終

華者の場合「貝を見せられて…」

わたしが大学2年生の夏、友人と沖縄の座間味島へ旅行に出かけたがタイミング悪く台風が上陸。宿の人は慣れていて、泡盛のシークワーサー割を飲みながらテレビでも見ていようと言う。しかし東京から来たわたし達は退屈で、雨がおさまっている隙に散歩に出かけた。途中喫茶店で休んでいると、ひとりのおじぃが話しかけてきた。「これから貝を取りに行くけど一緒に行くか？」少々あやしさはあったものの、他に行く所もないのでついていくことにした。おじぃの軽トラックに乗せられ、海へ。海はちょうど潮が引いていて、浜が奥の方まで続いていた。「これはねアマンナっていうんだよ」おじぃに教わりながら貝を拾い始めた。なかなか楽しい。ふと横を見ると、おじぃもしゃがんで夢中で貝を拾っている。しゃがんでいるのでズボンがお尻にはりついていた。ズボンには穴が空いていて、その奥に浅黒い肌がのぞいている。…ノーパンだ。

アマンナをせっせととる
おじい

はっきりと見えたが、想像したくないので見なかったことにした。おじぃがさらに沖のほうに歩いて行って、わたしを呼ぶ（もうひとりの友人よりも、ぽっちゃり系のわたしを気に入ったらしい）。手にはアワビのような貝が動いている。「これホーミーって言うんだよ。ホーミーって知ってる？」「知らないです。」「オ○○コのことだよ。」「…。」

これで完全におじぃのことが気持ち悪くなってしまったが、送ってもらわないといけないので無視して我慢した。その後も手をつないだりしようとしたり、やりたい放題。そして雨が強くなってきたので、帰ることになった。車の中でおじぃはわたしの太ももを、何かしらの動作にまぎれ込ませてちょいちょい触ろうとした。おじぃは最初に声をかけてきた喫茶店でわたし達を下ろし、「おごってあげるからここにいろ。」という。いいと断ったのだがしつこい。まあ喫茶店にいる限りは安心だろうと思い待つことに。数分しておじぃ登場。真っ赤なポロシャツに着替えている。ズボンにも穴は空いていない。きっと一張羅なんだろうと思ったら許したい気分になった。

お金を持っているか不安だったが、本当にコーヒーをおごってもらい別れた。別れ際におじぃが真剣な顔で「おじぃじゃないよ。54だよ。たいらだよ。」と、ちょっと怒って言った。おじいさんに見えたので、最初から「おじぃ」と呼んでいたのだが、どうやらそれが不服だったらしい。ずっと気にしていながら言えなかったのかと思うと、これまた許したい気分になった。

COLUMN

ギャンブル場に行こう

おじさんがたくさんいる場所で外せないのがギャンブル場。せっかくなので、おじさんの観戦体勢を中心にご紹介。どの会場でもほぼ98パーセントがおじさんなので若い人が行くと目立ちそうだが、おじさん達はレースに集中しているので周りにはほぼ無関心。思う存分レースとおじさんを堪能できる。

競艇（平和島競艇場） 場末感が強い。入口に伝説のエンジンが飾ってあって見どころだが、見たところで何もわからない。かなりマニアック。しかし晴れた日は水に光が反射し、キラキラとしてきれい。イケメンの選手を6人アイドル風に並べた特大ポスターがあったが、おじさんしかいないので効果がなさそうだ。

競輪（花月園競輪場） やや場末感が少なく、小ざっぱりした感じ。おじさんは年配が多く少し小綺麗で、ハンチング帽を被っている人が多い。エンジン音などもないし、全体的に静かな印象。最寄りの花月園駅から競輪場まで無料シャトルバスが出ているので乗ってみると、100メートルくらいの坂を上がるだけという短さで驚く。年輩のおじさんに配慮しているようだ。

オートレース（川口オートレース） 元SMAPの森くんの効果か女の子がわずかにいることも。3人くらいで身を寄せ合って見ていた。エンジン音が迫力満点。

競馬（中山・大井競馬場）出会ったおじさんの中で、一番人気は競馬。競馬好きのおじさんは自分の話を始めると、ついつい競馬の話になっていた。管さん（→p.110）によると「競馬はギャンブルじゃなくて、ロマン」なのだそうだ。競馬はテレビCMもやっているしギャンブルの中でも開けた雰囲気で行きやすい。大きなレースだとむしろおじさんが少ないこともある。ゆっくりしたいおじさんは、午前中すべてのレースを買って、レストランで座りながら結果を見守るという人もいた。

WINS（ウィンズ） 場外勝馬投票券発売所のこと。つまり、競馬場に行かなくても馬券が買える＆換金できる場所で、全国にある。すごい数のおじさんが、全員テレビに釘付けなのは、なかなかのインパクト。

おじさんはレースの予想に集中するべく、一番楽な体勢をとる。またギャンブル場近くの街には、必ず安い大衆居酒屋がある。勝っても負けても一杯やるのがおじさん流。

おじさんの観戦スタイル（フェンスを使った代表例）

フェンスの高さによって、
楽な体勢は変わる。

◎腰伸ばしスタイル

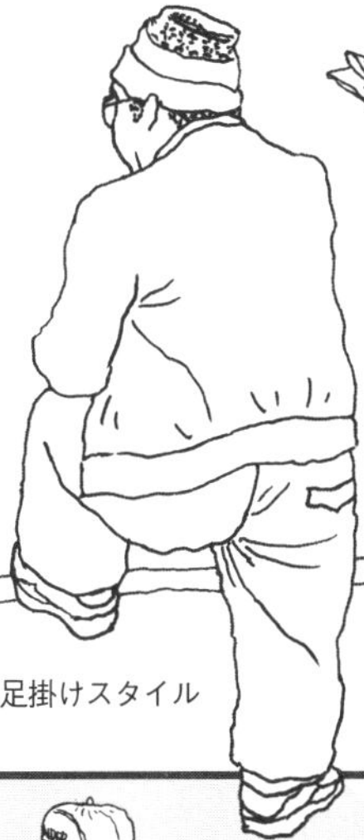

◎足掛けスタイル

◎肘掛け
スタイル

一番不思議なのがこの、いわゆるウンチングスタイル。壁際なら理解できるのだが、きまって「なぜそこに？」と思う中途半端な位置にしゃがんでいる。お尻は少し浮かせる。野宿者のおじさん (→p.120) が炊き出しを食べる時もこれが定番。

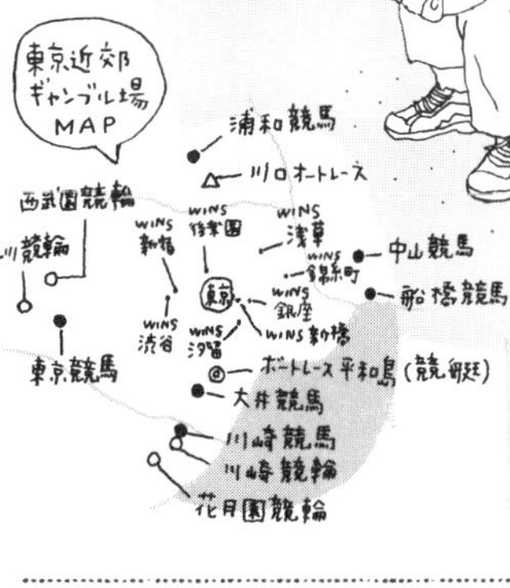
東京近郊
ギャンブル場
MAP
浦和競馬
川口オートレース
西武園競輪
立川競輪
WINS
新宿
WINS
後楽園
WINS
浅草
WINS
錦糸町
中山競馬
船橋競馬
東京
WINS
銀座
WINS新橋
WINS
渋谷
WINS
汐留
ボートレース平和島（競艇）
大井競馬
川崎競馬
川崎競輪
花月園競輪
東京競馬

「若大将？」まるで港で海を見つめているかのよう。

「前へならえ？」予想に集中するあまり、滑稽さには気付いていない様子。

セカンドバッグ

ハイウエストのおじさん

ウエストの位置が妙に高いおじさんのこと。大半がおじいさんと言えるかもしれない。腰のくびれがないために、ベルトの位置をぐいぐい上げ、胸の下まできてしまっている人も。胸、腰、お尻のラインがほぼ一直線でつい見入ってしまう。

お 尻が大きめのたっぷりハイウエスト。ちょっと太り気味？おじいさんなので健康面が心配。［9月 有楽町駅付近］

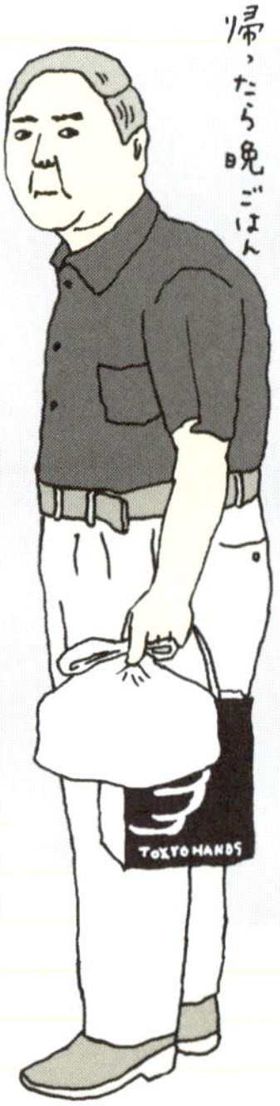
帰ったら晩ごはん
TOKYO HANDS

ち ょっとだけハイウエストのおじさん。若くても太っている人はこれぐらい。［10月 新宿駅］

電 車を待つおじさん。胸からお腹、太ももにかけての線がほぼまっすぐで気持ちいい！［10月 新宿駅］

タ クシードライバーのおじさん。仲間と休憩中のリラックススタイル。ベルトが派手なのは関西流？［9月 京都知恩院付近］

若くても太っている人

総合評価

POINT 65

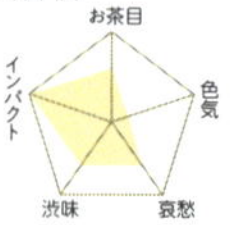
お茶目
色気
哀愁
渋味
インパクト

よく見ると、かなりインパクトがある

ベストハイウエストおじさん！

信号待ちをするおじさん。もう腰ではなく、胸の下。相当上げているため、靴下が見えそう。女性もおばさんになると、冷え対策や安心感を求めて股上が深いパンツを履きたがるので、同じ理由かも。

NO. 15

ぽっこりおなかのおじさん

おなかがまあるくぽこっと飛び出しているおじさんのこと。ただの太っている人とは違うので注意。まるで信楽焼のたぬきの置物のようで、キャラクター的なおもしろさがある。ぽっこりの下でベルトをするのが基本スタイル。ビール党に多い。

ひ げを生やして渋い度高め。こわそうだが、おなかで中和されていい感じ。美味しい居酒屋を知ってそう。
[7月 名古屋]

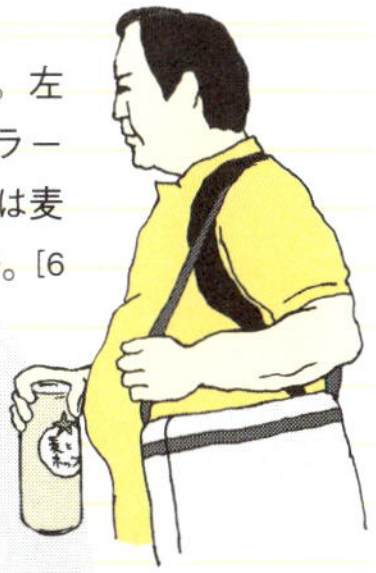

花 火大会帰り。左手にはクーラーボックス、右手には麦とホップ500ml缶。[6月 六郷土手]

お 昼休憩後のおじさん。ランチビールしちゃったのでは？午後もがんばれ！
[7月 名古屋]

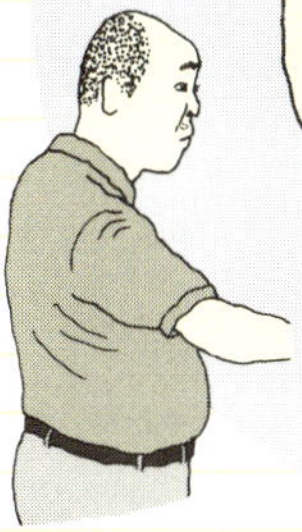

文 房具を物色中のおじさん。頭の丸みとお腹の丸みが響き合っている。
[9月 新宿ルミネ2にて]

お 店の通路の真ん中に立っていたおじさん。サングラスとおなかで迫力満点。
[8月 有楽町ビックカメラにて]

総合評価

POINT 65

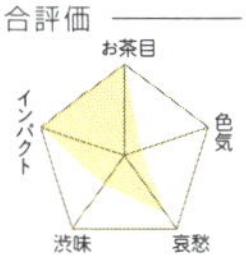

おもしろいけど、不健康なので

ベストぽっこりおじさん！

奥さんの黒い服が、曲線を浮き立たせている。ライトグリーンのお腹はまるで初夏の丘のよう、とは言い過ぎだが、頂点が高い位置にあり、見事なぽっこり。どうしたらこんなに膨れるのだろうか。

NO. 16

酔っ払いのおじさん

酔っ払いといえばおじさんに勝るものはない。鼻を赤くしたり、立ったまま眠ったり、わかりやすい格好で酔っぱらう。とてもおもしろい。ただし一部のおじさんは下ネタを挟み、いやらしく絡んでくることがあるので、女性は注意！

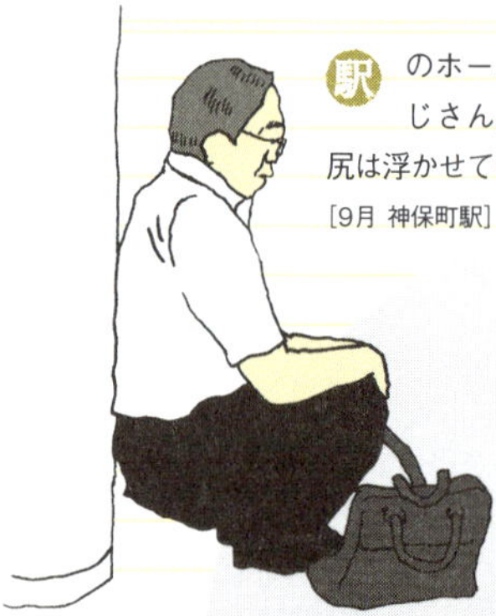

駅のホームでしゃがみこむおじさん。酔っぱらってもお尻は浮かせている。

[9月 神保町駅]

あと6段のぼって
ベンチで寝た
ほうが楽そう
なのに……

君、
本当に
分かって
る？。

パーティーで若い娘に絡むおじさん。鼻と頬を赤らめて見本のような酔っ払い。

[4月 芝大門]

階段の途中で立ったまま寝ちゃっているおじさん。

[8月 渋谷駅]

生演奏を聴きながら、いい気持ちでうつらうつら。眠くて限界。

まるで連行された犯人と警察官。仲良しそう。

どうしたのー？。
大丈夫ですか？。
もう電車ないよ
帰れる？。

おまわりさんに、心配されているおじさん。まるで家出した子供のよう。

[7月 高円寺]

ホームの電柱によりかかって眠っているおじさん。セカンドバッグが落ちそう。
[11月 巣鴨駅]

電柱とお友達。コントでしかありえないと思いきや、本当にやっているおじさん。

たまに起きて
鼻をちょっといじる

電車で寝てしまって、鼻の穴が丸見え。[5月 三田線内]

靴を脱ぎ散らかしているおじさん。ベンチの隣の女性が怪訝そうな顔をしていた。

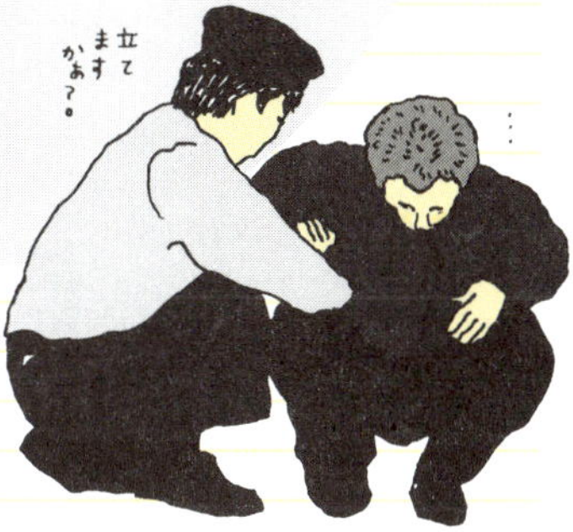
立てますかぁ?。
…

足腰に力が入らずふらふら。駅員に支えられても立てずに、眠っている。
[12月 蒲田駅]

しぼって入れる
生レモンサワーは絞るのが面倒だからねふつうのレモンサワーでいいや

総合評価

POINT 95

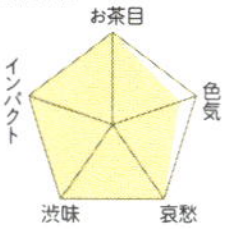
お茶目
色気
哀愁
渋味
インパクト

おもしろさは NO.1

注意！O型のおじさん

ふん

O型のおじさんは普段は温厚なのだが、何かを我慢しているらしく酔うと悪酔いする人が多い。気付くと目の色が変わり「あの女」と呼び捨てにしたり、俺なんか的な話を延々としたり、大変やっかい。

COLUMN

麦友会に行ってみた

酔っ払いおじさんに会いに行く

京浜地区のおじさん達の飲み会ってどんなだろう？ と、思いつきでお邪魔したのは、麦友会《ばくゆうかい》。京急線の生麦駅周辺に住む60歳前後のおじさん17人による、かなりローカルな会である。知り合いの柳下氏のお父さんがその会のメンバーで紹介してもらった。ちなみに柳下氏はSPECIAL OTHERSというバンドのギターで、普通だったら彼がフューチャーされる側だが、けっこうおじさんが好きらしく今回は快く間を取り持ってくれた。柳下氏と担当編集のKさんとわたしは生麦駅に集合。柳下氏は妙に緊張している。そんな様子を見てわたしもKさんも緊張し、しらふでは突入できないので近くの立ち飲み屋で一杯ひっかけることにした。後日談によると「そもそもあの会に外部の人を連れて行ったこともないし、あのトンデモおじさん達に取材なんて成立するのか!?」と不安だったのだそう。ドキドキしながら店に入ると…ドドーン！12人ほどの赤ら顔のおじさんがぞろり。京浜地区らしく、ちょっと強面なおじさんもちらほら。ビビっていると「なんだぁ～女の子なら言ってよ！」と心配をよそにあっさり歓迎してもらった。挨拶もそこそこに「名前は？ ジェニファーとメアリーでいいの？」となぜか外人のあだ名を付けられたが、よく聞こえず、「メラニー？」とわたしが聞き返したため、何が何だかわからなくなり、「メラニン？」と言っているおじさんもいた。

麦友会のみなさん。まだほろ酔いの頃

会費を管理するノート

一番奥のいわゆるお誕生日席に座っているおじさんが「皆さん何飲む？」彼が会長（メンバー内では、いさおちゃんと呼ばれている）で、麦友会のまとめ役だ。そして「はい、これね」と当たり前のように麦友会会員名簿をもらう。そこには全員の氏名、住所、自宅TEL、携帯番号、生年月日が書かれていて、個人情報がバレバレだ。なんて豪快なんだろうと、早々に圧倒させられた。

麦友会の紹介をもう少し詳しく。メンバーは全員小学校からの幼馴染み。地元なので兄弟や従兄同士の人もいる。高校生くらいから集まり始め、なんと40年以上も続いているそうだ。すごいのが、毎月1回（基本的に第1土曜日）必ず何があっても集まっているということ。さらに年1回の旅行。費用は会長がノートにつけてきちんと管理していて、この時も1万円づつ徴収されていた。そのお金で飲んだり、旅行に行ったりするそうだ。メンバーの条件は詳しくは聞かなかったが、大学に入った人はダメらしい。ちょっとノリが違うのだそう。土地柄かほとんどが自営業で、そのせいか皆さんサラリーマン的な堅苦しいところがなく、「楽しくやればいいじゃん」という大らかな感じが根底にある気がした。

おじさん達は何を話していたかというと「おまえ、ゴルフのアベレージどんくらいよ？」とゴルフの話。「何型だっけ？」と血液型の話。一番盛り上がっていたのは、柳下氏が来たせいもあってか音楽の話だった。ジャズ喫茶をやっていたおじさんもいるとかで、皆さん詳しい。マイルスデイビスや、ジャイス、ジョージベンソンなどと熱く語り合っていた。街の中華屋でジャズの話をするおじさん達はなかなかかっこいい。ふと見るとひとりのおじさんは会話をしつつ、みんなのお酒を心配しながら、なくなると作ってあげている。気遣いとさりげなさがまるで銀座のママさんのようだ。これだけ人数がいると、役回りも色々あるようでおもしろい。

音楽について熱弁する５人と、みんなのお酒を作るてったんさん

旅行のおもしろエピソードを聞いた。題して「血だらけ事件」。数年前韓国に行った時のこと。みんなで温泉に入り、酔っぱらったおじさんのテンションは頂点に。宙返りをしようとしたところ、すべって転んで前歯を７本折ったというのだ。「その歯どうしたんですか？」と聞くと「投げたよ」と一言。翌朝、枕は血まみれ、顔は変形して大変だったそうだ。「あの顔は忘れられねえ」と皆さん。そのおじさんは千葉に行った時も旅館のふすまをビリビリに破いて壊してしまったそうだ。酔っぱらって楽しくなると中学の体操部だった頃に返ってしまうらしい。「おじさんはね、こういうことがあるんだよ、本作るなら書いといて」と言っていた。

すっかり賑やかに。右上のりょう坊さん（左）と、おー坊さん（右）は従兄同士。左下が会長。インタビューは（→ p.114）

ひとりずつインタビューをして、おじさん達の半生を振り返ったりしていたら、だんだん集中が切れてきた。「まだ俺聞いてもらってないんだけど？」と人のよさそうな柳下氏のお父さん（おー坊さん）。会長が「君はまだ！バリエーションってのがあんのよ」と笑う。おじさん達もずいぶんと酔いが回ってきている。

そんな中、目つきが違う人がひとり。聞けば独身という。独り身のおじさんは要注意だと思っていると案の定、少しづつセクハラをからめた発言が目立ち始めた。どうしようと思っていると、一言「やらせろ～！」あ～あ…。さっきまであんなにいい感じだったのに（笑）！

おじさん達は帰る人、麻雀に行く人、飲み続ける人と色々。この無理をしない感じも、会が長く続く理由なのかも知れない。「また来月も来ればいいよ！旨い刺身食わしてやる。インタビューされてないオヤジも残ってるしな（笑）」。最後まで勢い止まらぬ麦友会でした。

うるさそうなおじさん

近づくと怒られそうとか、にらまれそうとか、文句を言われそうとか悪い結果が予想されるので近寄りたくないおじさんのこと。他人ならいいが親戚の叔父さんだったり、お隣さんだったりすると逃れられないので面倒臭い。インテリに多い。

イライラ系

特に理由もないのに不機嫌なおじさん。短気が原因か。信号待ちでさえご立腹の様子。

[5月 市ヶ谷]

迫力系

普段から声が大きく、何かうまくいかないことがあると、怒鳴って推し進めそうなおじさん。[12月 南北線内]

屁理屈系

たしかに言っていることに間違いはないのだが、細かいことをねちねち言いそうなおじさん。頭がいい。

[7月 三田線内]

自慢系

すましつつ、知識と自慢を披露するのが得意。顔の表情に人間味が薄く、嘘っぽい。小金持ちなことが多い。[6月 東急百貨店カメラフェア]

総合評価

POINT 35

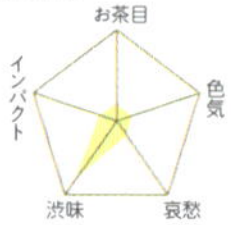

怒られたくないのでポイント低め

内面は顔に出る!?

政治家のおじさんはまさにこのイメージ。忙しいせいか、しがらみがあるのか、顔がどこか引きつった印象がある。おじさん的にいい顔ではない。への字口の人もいて、いかにもうるさそう。

NO. 18

何となく嫌なおじさん

特に何も危害を加えることはないであろうに、何か嫌な感じがして生理的に近寄りたくないおじさんのこと。一番の要因は目つき。じろりと目だけ動かすのは感じが悪い。もしかしたらいい人なのかも知れないけど、ちょっとごめんなさい。

ぶりっ子おじさん

電車内で変な顔で愚痴を言い合うおじさん達。会話が途切れたところで「ヤダヤダ…」と言わんばかりにそろってかわいい顔を作っていた。きもっ！
[10月 三田線内]

冷めているおじさん

イベントに出ているのに、全く楽しそうでなく、やる気のないバイトのようなむかつく表情。[9月 新宿]

諦めているおじさん

服はヨレヨレ、口がひんまがって、疲れている。他人の言うことに耳を貸さなそう。[9月 神保町]

すけべおじさん

隣に女性が座るごとに顔→全身とチェックするようにじろじろと見る。足を組んですましている感じも嫌だ。[10月 大江戸線内]

総合評価

POINT 25

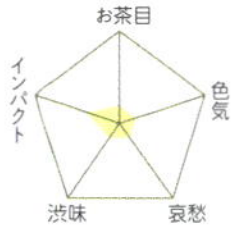

もうおじさんだし、救いようがない

これをやったら嫌だ！ ベスト3

1位　口をぱくぱくする（下あごを動かしてヌッチャ、ヌッチャと音をたてる）。
2位　歯磨きをしながらゲーゲーする。
3位　痰をはく。
これらの行動には、おじさん特有の音があり、それがキツイ。

NO. 19

正体不明のおじさん

見た目に特徴があり、年齢、職業どころか何者か見当がつかないおじさんのこと。一度見たら忘れられないインパクトがある。独自のスタイルを貫き、天才肌の人も多いが、その才能が開花することは少ない。

有名？
足どりはかろやか♪

2度ほど見かけた全身真っ赤なおじさん。白髪のロングヘアも特徴的。お肌もキレイで、もはや男女の垣根を超えている。よく似た全身ピンクのおじさんもいる。

[7月 青山一丁目駅]

ピンクのおじさん

トラのぬいぐるみ

「新宿タイガー」と呼ばれ、この姿のまま新聞配達をすることで有名。休憩中なのかマスクを外して街をぶらぶらしていた。スニーカーも洒落ている。

[9月 新宿]

ドヤの立ち飲み的
な店の前で

バッグと靴がまるで女の子。ドヤ街のため、まわりのおじさんは茶色かグレーなのでより一層際立っていた。

[7月 山谷]

還暦は過ぎました

有名人代表は志茂田景樹。奇抜な格好と、独特なしゃべり方、女性のような身のこなしで有名。後から直木賞作家と言われても困る。[7月 神保町]

眠っていても品がある

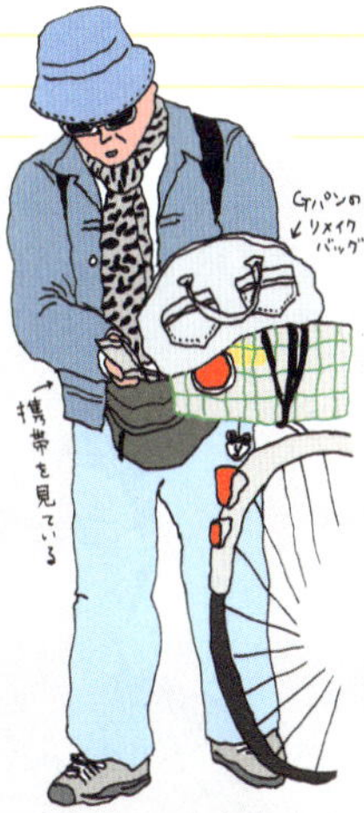
Gパンのリメイクバッグ
携帯を見ている

サングラスに豹柄でロックな雰囲気。一見恐そうだが、携帯を遠目で見ているあたりにおじさん感が出ていて安心できる。

[11月 明治公園]

お金持ちに見えたが、フリマで安物をチェック

一見会社役員かと思ったが、靴がカジュアルだしスーツの形が古くてレトロ。お出かけ着として30年くらい着ているのではないか。とてもよく似合っている。

[3月 大江戸線内]

うろうろ

尼崎駅の噴水に腰掛けるメキシコ風のおじさん。おしゃれにも見えるけど、野宿者っぽくも見える。

[7月 尼崎駅前]

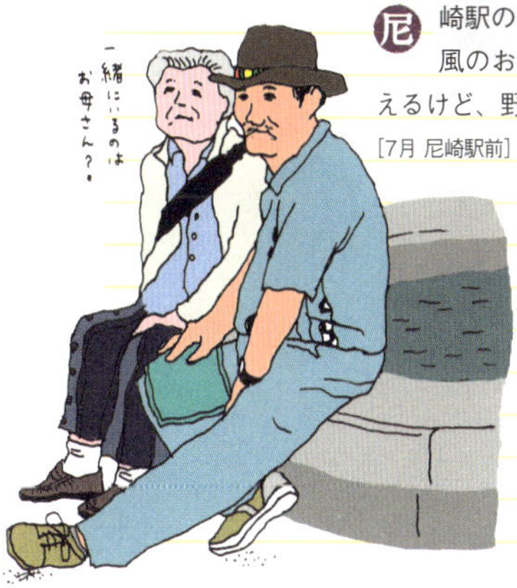
一緒にいるのはお母さん？

一日中、西荻窪の商店街をうろうろ。なのに手ぶらで全身白のスーツ。服もおじさんも若干ヨレヨレしていた。

[4月 西荻窪]

人生を謳歌！

独特の服装でコーヒー片手に音楽を聴き、筆ペンで何か書いている。色々なことに手を出しすぎていて、何が完成するのか期待できないが、とても楽しそう。他人になんと思われようとも、マイウェイをいく。

総合評価

POINT 53

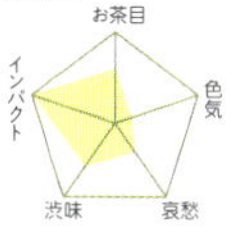
お茶目
色気
哀愁
渋味
インパクト

見かけたらテンションあがる

NO. 20

いやらしいおじさん

ちょいワルほどファッションがキマってないが、妙な色気があるおじさん。世間的にはまじめ風だが、リアルに浮気や女遊びをしているのはこのタイプ。顔がほどほど二枚目。普通っぽさに潜むいやらしさが女性を油断させる。

目 立った特徴があるわけではないけれど、にやけ顔でたれ目がきいている。男を捨てていないので、Tシャツは必ず素肌に。Vネックなことも多い。香水を少々。女性には優しい。

[7月 新宿]

いいことあった?
今日何か

電波悪いな

ム チムチとした身体に、ぴたっとしたスーツがいやらしい。髪の薄さもワックスでゆるふわに。

寒くない?

風 間杜夫似の80年代臭が残るおじさん。土手に花火を見に来ていた。実際隣には花柄のワンピースを着たバブルっぽい女性がすまし顔で座っていた。

[8月 六郷土手]

もう悩まない
ハードなスポーツも大丈夫

某 育毛大賞のCMに出ているおじさんも何かいやらしい。見た目に自信アリ。

総合評価

POINT 31

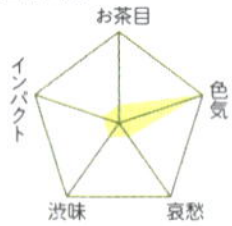

お茶目
色気
哀愁
渋味
インパクト

できれば関わりたくない

当たってしまった!

※イメージ図です

「この人いやらしいおじさんだな」と思っている知人の叔父さんがいた。その人をモデルに絵をかくはずだったのだが、浮気をしている事実が浮上。笑えないので描けなくなった。

NO. 21

ニューフェイス系のおじさん

東映、日活などで戦後の映画界を盛り上げ、ニューフェイスと呼ばれたイケメン俳優陣のような顔つきをしているおじさんのこと。若い頃モテた武勇伝がある。そのせいか中年になっても体も雰囲気もダラけていない。

THE STYLE

お化粧顔

生え際から真っ黒で、風が吹いてもくずれそうもない８：２ヘア。血色が良く、眉毛が濃く、二重。すらっとした体形。全体が嘘みたいに整っていて、ドーランを塗っているように見える。

[2月 西武新宿線内]

新聞社勤務の知性も兼ね備えたニューフェイス。カレーを食べている。

[4月 某新聞社食堂]

70歳を過ぎていそうだが、襟を立て、足を組み、抜かりない。

[7月 三田線内]

前髪のふんわり具合が完璧。毎朝ドライヤーとブラシで丁寧に整えているのだろう。

[4月 大江戸線内]

ニューフェイスとは?

芸能人でいえば高橋英樹、宝田明、里見浩太郎など。その後このタイプは流行っていないので、いなくなってしまう可能性大。そう考えると急に淋しい。希少価値の高いおじさんである。

総合評価

POINT 60

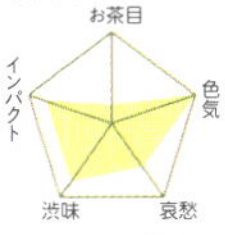

平成でいなくなってしまう可能性大

ちょいワルおじさん

某雑誌が提唱した、不良がかったファッションをしたおじさんのこと。正確には、ちょい不良《ワル》オヤジ。色気がないとこうは呼ばれない。キャラクターに合っていてかっこいい人もいるが、失敗すると勘違いに見えて切ない。

やりすぎなちょいワル

パワーがみなぎる。全身テカテカしていてあくどい。いきすぎているので、逆に好感が持てる。

[5月 六本木]

うっかりちょいワル

凡人なのに、顔がわりと良いためスーツがきまってしまい、ちょいワル風になってしまったおじさん。不倫してそうに見える。(→p.79)

[12月 六本木]

ハイレベルなちょいワル

おしゃれすぎて、若干浮世離れしている。もうちょっと突飛感があればハイレベルなアート系のおじさんになれそう。

[5月 表参道]

いつだって素肌にシャツ！金のチェーンがいやらしい。

イケてるちょいワル

渋さが必要。ある程度の年齢があり、昔ほんとに悪かったけど今はすっかり丸くなった、仕事ができるなど、つまった中身も必要。[6月 神田]

干瓢巻きが
最高なのっ。
ワサビ利かせてね。

ナルシストちょいワル

頭がよく会話上手で清潔感もある。その“感じのよい自分”が大好き。グルメなので太め。

[3月 上野]

けっこう
いけるでしょう

集中…

こだわりちょいワル

珈琲専門店や飲み屋のマスターであったり、陶芸家など、趣味を仕事にしているおじさんに多い。

[5月 荻窪]

スー

残念なちょいワル

ジャケットにキレイ色のマフラーでキメているのに、日常の癖が出てしまったのか、小指をすっぽり鼻の穴へ。[11月 高田馬場 某コーヒーショップ]

ラフなちょいワル

一見、ラフなおじさん（→p.28）のようだが、シャツの質がよく、時計も高そう。キメキメでないところに大物感が漂う。

[8月 東横線内 横浜行き]

ちょいワルやっててよかった！ 20代の女の子をゲットできたちょいワル界の勝者。オーラはあるが、ちょいワルでなくなった瞬間にただのロリコンおやじになってしまうので気が抜けない。

総合評価

POINT 49

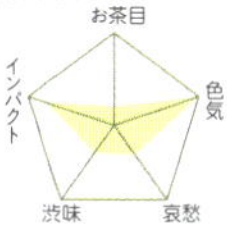
お茶目
色気
哀愁
渋味
インパクト

世間では良いとされているが…

ジローラモのつもりが堀内孝雄

サンキュー!!

ちょいワルになるための難所は、センスというより顔。頑張って堀内孝雄、梅宮辰夫までいければ合格な気がする。特に堀内タイプは脂っこくない分、渋さが増し、女性ウケは期待できそう。

アート系のおじさん（デザイン系）

クリエイティブなおしゃれをしているおじさん。職業はデザイン系、ファッション系など。いわゆる普通の「おじさん」にならないように意識しているので、おじさんと呼びづらい。おしゃれすぎると正体不明 (→ p.52) になる。

マガジンハウスの近くにも
こんなおじさんは
よくいる

手ぶらだったので、近所に事務所があって、ちょっとコンビニへってとこだろう。ぽっこりお腹を隠さないあたり、余裕を感じる。

[10月 恵比寿]

そういえば…
コーヒー豆きらし
てたな

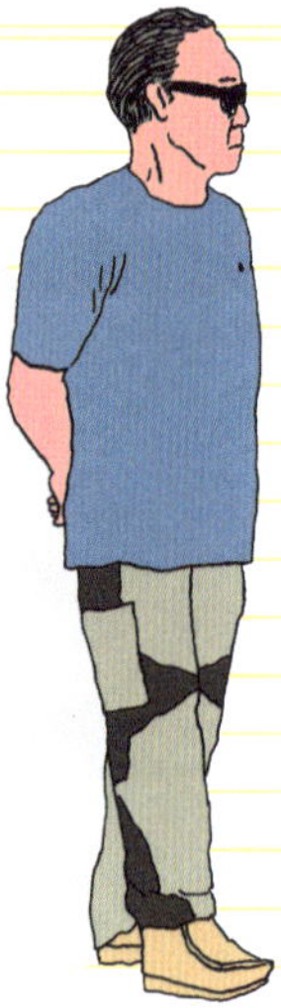

ごついサングラスと、不思議な柄のズボン、すました姿勢がおしゃれを超えて、一般人とは違うハイレベルな空気が出ている。

[10月 不動前]

ピチピチのスパッツといい、全身ハイファッションブランドのようだが、何ともいえない。

[4月 南北線]

奇抜なものを着ているわけではないのに、ズボンをロールアップして靴下をちら見せしたりして、着こなしているおじさん。

[9月 新宿]

若い女性に大人気のボアブーツを履きこなすおじさん。でもきっと、胸にかけている眼鏡は老眼鏡。

[1月 渋谷]

裏原ブランドの代名詞、エイプの鞄が目を引く。髪も金髪で老いを感じさせない攻め具合。眠りながら身体の力が抜けきっているあたり、隠せないおじさんぽさが滲み出ている。

[2月 半蔵門線内]

アート系かと思いきや、キャップを後ろに被ったり、Tシャツもパンツもピタピタだったりして、何か違う。クロムハーツ系かも。

[8月 南北線内]

ヒゲと赤い眼鏡のせいで一見アート系かと思ったが、首から下にはゆるさがあって、違った。商店街で買い物をしたところ。

グラフィックデザイナーのおじさん(やや若め)

デザイン界の巨匠、原研哉さん。とあるオープニングパーティーにいらしたので、突撃でアンケートをお願いしたら「え？ おじさん？ 佐藤卓さんのほうが年上なんだけどなあ」と言いながらも引き受けて下さった。さすが巨匠！ (→p.108)

総合評価

POINT 53

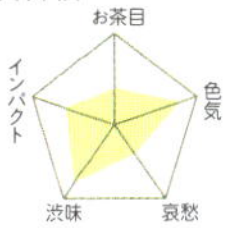

おじさんぽくないのでポイント低め

おしゃれって紙一重

青山の某おしゃれ複合施設の前に立っていたおじさん。着ているのは、着物の帯のようなごわごわした生地の派手なスーツ。配色といい、うろこのようなテクスチャーといいまるで錦鯉！ 攻めてる。

NO. 24

アート系のおじさん（ファイン系＋フェス系）

サラリーマンなどとは正反対で、自由を大事にして生きている感じがあるおじさん。職業はアート・ファッション関係など。さらに野外音楽フェスなどにいるおじさんはアクティブで派手な色を着こなしたり、若者とあまり違いがない。

キャンドルの灯りはいいもんだよ

一年中ビーサン

高円寺で阿波踊りを淡々とビデオカメラで撮影し続けていた。映像関係の仕事で作品にでも使うのだろうか。素足。

[8月 高円寺]

派手なサイケデリックなシャツを着ているおじさん。盆踊りをじっと見ていた。足下はビーチサンダル。パナマ帽とあわせて。

[8月 錦糸町]

かばん

素材感が出ているこだわりの着物を着ているおじさん。草木染めとかかも知れない。

[10月 南北線]

土は地元のものが一番ですよ

陶芸なんてやってそうな太めのおじさん。

[10月 神保町]

あとハンズ行って、事務所戻るかな

テントを忘れた人などを助けてくれる、よろず相談所のおじさん。親分肌で慕っている年下がたくさんいる。

［10月 朝霧JAM］

安心野宿

犬をつれてきている場合も多い。とてもかわいがっている。

みんなが浮かれて踊ったりしている片隅で冷静に、音楽機材を扱う、プロフェッショナルなおじさん達。職人顔で、チャラくないので例外。

［10月 朝霧JAM］

アウトドア度の高い野外フェスだが、歳の功か、余裕たっぷり。Gジャンがお似合いです。モテそう。

［10月 京浜ロック］

音楽ライターの有名なおじさん。様々なフェスで見かける。［10月 京浜ロック］

フェスにいる普通のおじさん。SWEDEN STYLE と書いてあるユニフォームを着ている。シャボン玉とのショット。

野外フェスにいるおじさん

フェスファッションがキマっているのは、大体音楽関係者。若者と大差がなく、おじさん的にはあまり面白くない。そうでない人は、フェス風でもスポーティ（65ページ）が混じっていて少々ださい。

総合評価

POINT 52

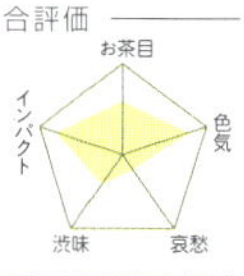
お茶目
色気
哀愁
渋味
インパクト

よりおじさんぽくないのでマイナス1

仙人おじさん

広辞苑より抜粋すると、人間界を離れて山中に住み、不老不死の能力を持った人。世俗にはいないはずだが、もしいたらこれぞ仙人と思わせてくれるおじさんのこと。白い顎髭《あごひげ》が最大の特徴。おじさんというより、おじいさんに多い。

かっこいい仙人

顔つきにゆるみがなく、白い長靴さえ意味あり気に見えてくる。

[3月 沖縄・国際通り]

近所の仙人

筆者がたまに見かける。いつ見ても服装は全く同じ紺色のスーツ。真夏は知らない。

[4月 新宿]

つつましい仙人
ゆっくり静かに住宅街を散歩中。

世俗に疲れた仙人
千葉方面の列車に乗り込む仙人。安住の地を求め移動中だろうか。

フレンドリーな仙人

中野サンモールを、40歳くらいの男性と談笑しながら歩いていた。細さがより仙人らしい。

[9月 中野]

総合評価

POINT 60

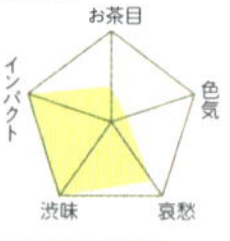

神々しいので高インパクト

ベスト仙人賞！

名古屋駅在住。ウェービーな長髪、整った逆三角形の白い髭、素足など、仙人の要素をかるくクリア。さらに暑さと路上生活の苦労が滲み出たうつろな表情が図らずも仙人感をアップ。重みが違う。

NO. 26

手作りハウスのおじさん

たまたま出会った不思議な家に暮らすおじさん。正直キレイとは言えず怪しげだけれど、よく見ると、何だかかわいらしい家だ。どんな人が住んでいるのかと声をかけてみると、意外にも家と似たようなほのぼのしたおじさんが出てきた。

廃材だから全部タダ！（にっこり）

写真を撮らせて欲しいと言ったら、なんとなくポーズをとってくれた。バイクとリヤカーの前で。奥が家。

リヤカーのナンバープレートはフカフカしたお風呂用おもちゃの様な素材で。

テニスラケットを使った風向計？

自慢の時計。この家のポイントになっていた。

ピンクのサンダルをテープで補強。修理上手。

サッカーゴールを骨組みにした倉庫。

草刈りをしていたので、話しかけると下りてきてくれた。聞いてみると…自宅は別に都内にあって、月に一度リヤカーに資材を積んで、バイクでやってくるそうだ。元小学校の教員で、学校が廃校になったため廃材を持ってきて家の材料にしている。他は100円ショップで調達しているので、お金はほとんどかかっていない。今は年金暮らし。もう15年くらい通っている。水はきていない。食事は近くのコンビニで、おにぎりやパンを買ってきて食べる。耳を澄ましたら、小さな音でクラシックがかかっていた。夢は？と聞いたら「まあこんなもんじゃない」と言っていた。こういうおじさんは悲しい感じがするものだが、そういうのを全く感じさせない、楽しそうなおじさんだった。もう一軒作っているということで、おじさんの家作りはまだまだ続くようだ。

COLUMN

有名人のおじさん

有名人のおじさんは、何おじさん？
個性的なおじさん達を分類してみよう。

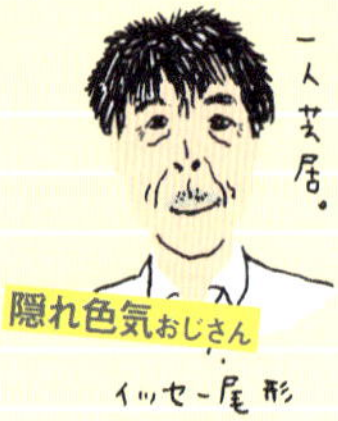
一人芝居。
隠れ色気おじさん
イッセー尾形

ナチュラルなふりして色気むんむん。女装をしても、なぜかかっこいい。白シャツをさらりと着こなす。

生きてるだけでだいたいOK
絶対怒らなそうなおじさん
マギー司郎

もはやお笑い芸人化しているが、生き急がないあののんびり具合は貴重。その代償か弟子が微妙。

カッコイイほうがいいじゃない
イケてるちょいワル
河原成美（一風堂社長）

俳優志望からラーメン屋に。大成功をおさめた本物のちょいワル。白髪を染めないあたりもイケてる！（→p.56）

野性の呼び声をきいて下さい
自分の中にある
世界と対峙するおじさん
岩合光昭

動物写真家といえばこの人。ひとつ上にいる感じがぷんぷんにおう。隙がないのに動物に好かれる。（→p.108）

秋刀魚の味
老い受入れおじさん
笠智衆

信念あるのに押しつけなさそう。明治生まれのこの渋い感じは、残念ながら今の時代には見かけない！

NIKEキャップ！
村上ショージ

某テレビ番組出演時に着用。何度も見かけた大人気の帽子。これはレアな白バージョン。（→p.97）

声がハスキー
うっかりちょいワル
美木良介

スマートな顔立ちとハスキーボイス。このいやらしい感じがたまらない女性ファン有り。（→p.56）

結構！
尊敬したいおじさん
児玉清

常に上品。披露しているのを見たことなかったが、頭脳明晰と想像がつく。事実読書家だったそうだ。

おはようございます
ずーっとおじさん
渡辺篤史

昔と今の印象が全く変わらない。早くから自分のスタイルを持ち、こだわりの趣味を持つ。

NO. 27

スポーティなおじさん

運動が大好きで日常の一部になっているおじさん。それ用の服は動きやすいので手放せなくしまって、普段もスポーツをするような格好をしている。身体がたるむことを拒む。ストイックな自分が好き。

髪型は、短ければ不満なし！

キャップにTシャツ、短パンにゴツめのスニーカー、高性能っぽい腕時計の基本スタイル。定番の皇居外周ランか。［7月 三田線内］

おそらく30万円はする本気のロードバイクで移動するおじさん。完璧なスタイルだが、ナップザックもウェアも黄色がなんかおじさんぽい。ちょっとストイックすぎるので、おじさん的魅力は半減。［8月 新宿区］

きわどい崖をひょいひょい移動するおじさん。お尻がぷりっとしているので登山好きか。出張で来たのに、つい血が騒いでしまったようだ。［8月 東尋坊］

CHECK POINT

中学時代のもの？とつっこみたくなるほど短いジャージの短パンを、駅構内で堂々と履ける。

総合評価

POINT 60

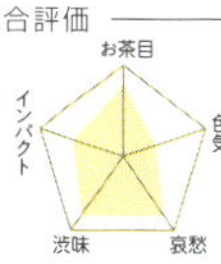

お茶目
色気
哀愁
渋味
インパクト

平均的にまあまあ

スポーティーなふたり

公園を散歩中の登山仲間っぽいおじさん達。ズボンが登山用のトレッキングパンツだ。右のおじさんのほうがスマートで色黒なので、ベテランぽい。今度の休みに登る山の相談でもしているのだろう。

NO. 28

リュックのおじさん

おじさんの背負うリュックやナップザックは、荷物をめいっぱい詰めてパンパンになっている機能重視のものか、地域や行事、お店など、どこかでもらったロゴ入りのものが人気。今では手に入らないレアなリュックを背負っている人もいる。

サラリーマンのちょっとオタクっぽいおじさん。オタク系は若くてもおじさんでも、荷物が多い。
[8月 高田馬場駅ホーム]

特急はまだなのか

かなり大きなリュック。仕事帰り風なので、着替えなどが入っているのかもしれない。
[2月 下北沢駅ホーム]

“新宿シティハーフマラソン”と書いてあるリュックが目立つ。自慢の逸品で見せたいみたいだ。

木版画用品を見ているおじさん。家庭科の時間に作るような巾着タイプ。“2005 府中市”と書いてあった。
[9月 新宿東急ハンズ]

ペットボトルを２本も。健康に気をつかっていそうなスポーティなおじさん。
[8月 中野]

総合評価

POINT 60

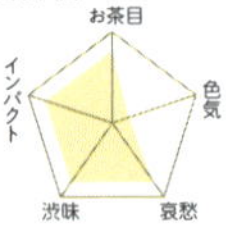
お茶目
色気
哀愁
渋味
インパクト

本来の用途に忠実

準備万全！

銀座にて、黄色いリュックを背負うおじさんがいた。焦げ茶色のジャケットによくなじんでいる。近寄って見たらなんと非常持ち出し袋だった。丁寧に震災時の三つの心得が書いてある。

NO. 29

手ぶらのおじさん

鞄を持たず、荷物をポケットなどにつめて手ぶらでいるおじさん。一般的に女性より男性のほうが荷物が少ないけれど、それの極み。あれこれ持たず、必要最低限のものでやっている感じが小気味良い。

鼻をかるくほじる
背抜きタイプの夏仕様

新聞をポケットのサイズに折って挿している。幅がぴったりでお見事。やり慣れているようだ。［8月 蒲田駅］

新聞を服の中にいれて、手ぶらを保つおじさん。暖かそうだ。［2月 大江戸線内］

何かのパンフレットと、茶封筒など3つくらい入っていてパンパン。前の右ポケットもパンパンで歩きづらそう。［6月 後楽園駅］

多機能ベストとズボンのポケットに収納。［7月 水道橋駅］

総合評価

POINT 63

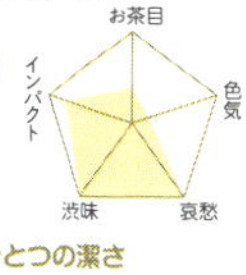

お茶目
色気
哀愁
渋味
インパクト

身ひとつの潔さ

ギャンブルするなら手ぶらで

競馬、競輪、競艇場に行くと、ほぼ全員が手ぶら。鞄を持っていても、ショルダーバックなど。左手には競馬新聞、右手には鉛筆で両手がふさがるからだ。予想に集中するため、万全の体勢で挑む！

NO. 30

人の物をのぞくおじさん おもに車内など

隣に座った人が見ている物を、どれどれ？と興味津々でのぞいちゃうおじさんのこと。気になってちらりというより、内容をしっかり掴み取ろうとしているようだ。図々しいと言えばそれまでだが、一応すましているところがおもしろい。

この時ちょうど、歴史的な勝利をおさめたWBC（ワールド・ベースボール・クラシック）の日本対韓国の決勝戦の最中。しかもそろそろ決着がつく一番見たい時間帯。おじさんは相当気になるようで隣のサラリーマンのワンセグ携帯を、まるで知人の物のようにばっちり見ていた。サラリーマンも、視線を感じちょっととまどいつつも、多少見えやすいようにしているのが人情味溢れていてよかった。日本代表を応援する気持ちはひとつだ。

[3月 三田線白山駅]

おじさんがおじさんのスポーツ新聞をのぞき見。けっこう見づらそうな体勢なのに、首をのばして頑張って見ていた。左のおじさんは見られているのには気付いていない。

[3月 山手線]

車内で電子辞書を使って勉強をする女の子の辞書が珍しいらしく、不思議そうに見ていた。女の子自身をジロジロ見たりしないのは、きっと同世代の娘がいるのだろう。

[6月 東海道線内]

COLUMN

愛読誌別おじさんチェック

暇つぶしに携帯派が増える中、おじさんはまだまだ活字派が多い。読んでいるものをのぞき見してみると、けっこうおじさんの人柄が表れている。それぞれの特徴をちょっと見てみましょう。

時代劇小説の巨匠、山本周五郎著「与之助の花」を熱心に。左指をにぎりしめ、けっこう入り込んでいるようだ。大きなリュックは机代わり。

服装が個性的なおじさんは、ホラー系の小説、姫野カオルコ著「よるねこ」。色々と常識にとらわれないものがお好みのようだ。サイケデリックな表紙が服装の一部かのようにマッチしていた。

ピリッとキレのある、スマートなおじさんは、社会問題を扱う雑誌「WEDGE」。この雑誌は新幹線のグリーン車でも無料頒布されていて、そこで小金持ちの知識人な読者をゲットしているそうだ。まさにそんなタイプのおじさん。

ぽっちゃりサラリーマンのおじさんは雑誌「つり丸」を熱心に。ちなみにつり丸のキャッチコピーは「楽しく釣って、おいしく食べる沖釣り専門誌」。釣りあげた魚を、こだわりの調理法でおいしく食べていそう。

カメラ好きおじさん

写真を撮るのが大好きなおじさんのこと。カメラ屋をのぞかずにはいられない。写真を撮ることって対象に近づくパワーが必要だと思うけれど、そのせいか人懐っこいおじさんが多い。そして背は小さめ。観光地や祭事によく現れる。

そうですか
先週は朝顔まつりへ
行きましてね

京都のお庭で、柵のすき間から被写体を狙う。しんどい中腰も何のその。撮影中はずっと笑顔。
［9月 京都］

カメラ屋のショーウィンドウの中古品をまじまじながめる。店内には入らず、一通り見てから無言で立ち去るのが通常のパターン。［12月 銀座］

カメラショップ
ショーウィンドウ

浅草寺のほおずき市に来ていたふたり。ほおずきを見たり、おしゃべりしたりとっても仲良しそう。帽子の被り方などもそっくり。カメラのメーカーが違うのはこだわりか。［7月 浅草］

カメラレンズを撮影するおじさん。隅から隅まで愛おしそうに記録していた。
［3月 銀座］

おじさんに負けず劣らずのおばさんもたまにいる。夫のカメラを使いこなし、すっかりハマってしまった。

［7月 浅草］

THE STYLE

多機能ベスト率も高い

多機能ベストとは、ポケットがたくさん（10～20個）ついたベストのこと。携帯電話、メガネ、財布などを収納できる。釣り好き、山好き、たまに服装に興味がない大学教授のおじさんなども愛用している。価格は5千円くらいから、革を使った2万円もする高級品もある。

［7月 浅草］

ズボンがちょっと短い
New Balance!!

多機能ベスト

CHECK POINT

デパートの催し物会場などでやってる「カメラフェア」はおじさん達のオアシス。おじさんを観察しやすい。

熱心にレンズをみつめるおじさん
6月
「世界の中古カメラフェア」
at東急百貨店にて

ワタシ天才
森山大道
アラーキー
篠山紀信
全員70才超え!

日本のカメラ界の巨匠達。みんなちっちゃい。

総合評価

POINT 67

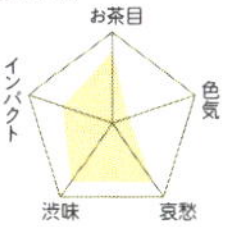
お茶目
色気
哀愁
渋味
インパクト

写真に個性がなさそう

カメラがあればすぐ友達！

とても楽しそうな三人のおじさん達。一見友人同士に見えるが、全員ひとりで来ている。「それ私も気になってたんですよ」とあっという間に話がはずむ。見終われば特に挨拶もせず、ちりぢりに。

秋葉原のおじさん

オタク文化が流行る前から秋葉原に通っていただろうおじさん達。地味な服装に大きな荷物が特徴。若者もこのスタイルなので、ほぼ同じに見える。夕方になると会社帰りのサラリーマンも続々と。

店先のジャンクものを冷やかす。秋葉原に通い慣れているおじさんは、回るコースはいつも決まっていて、店の人とも顔見知りだったりする。

[5月 秋葉原]

いいかもなこれ
アニメやゲームには見向きもしない
リュック

おっ
かかとが浮いてる

実際におじさんが見ていたもの。さまざまな種類のコード。何に使うのだろう。

[5月 秋葉原]

紙袋

リュック＋家電量販店の紙袋スタイルも多い。荷物が多い。

[5月 秋葉原]

30代くらいのスポーツ刈りのサラリーマンも、リュックにヨドバシカメラの袋。

若者もまるでおじさんのよう。絵にかくと、もう見分けがつかない…。違いをあげるとすれば、若者は肌にややハリがあり、色白。秋葉原は人々を同一化する街である。

たぶんおじさん→
←たぶん若者
童顔のおじさん→
たぶん若者→

みんなこのスタイル

夕方から増えはじめるおじさん達は3WAYバッグ率が高い。荷物の多さをカバーするのはもちろん、両手が空くのもポイント。色々手に取って、しっかり吟味したい。[7月 秋葉原]

THE STYLE

3WAY(2WAY)バッグ

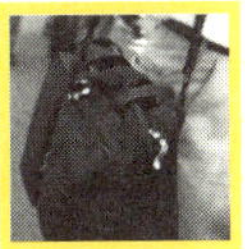

持つ、肩にかける、背負うと色々な持ち方ができ、収納力抜群の便利な鞄。働く男性の必需品。背負う人はあまり見かけない。

実はかっこいい!?

オタクな若者にまじり、真空管アンプや、接続系の部品など、マニアックなものをチェックしている。自分で組み立てたスピーカーでクラシックを聴く人もいる。実は高尚な趣味の持ち主。

総合評価

POINT 59

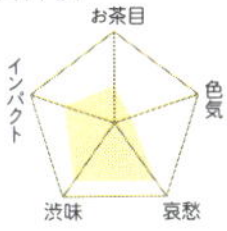

お茶目
色気
哀愁
渋味
インパクト

応援したい気持ちは70点

NO. 33

2人組のおじさん

おばさんは3～5人が多いけれど、おじさんは2人が心地いいみたいだ。うらやましいほど仲良しな場合もあれば、なぜ一緒にいるんだろう？という、タイプがまるで違う2人も。どちらにしろ、腐れ縁の2人を見るのは楽しい気持ちになる。

［似た者同士編］ 服装や雰囲気が似ている。

ベンチで、自慢のような愚痴のようなとりとめのない会話をする2人。インテリだが少し抜けていそうな感じが似ている。この後飲みに行きそう。［11月 靖国神社］

靴のとがり具合や、服や時計への金使い、格好のつけ方など、小うるさそうな様子が似てしまっている。
［5月 水道橋駅ホーム］

路上で話し込む野宿者らしきおじさん2人。鬼ころしをちびりちびり呑みながら。どことなくスポーティな2人は気が合うのかもしれない。［10月 新宿］

CHECK POINT

昼食後に注目。つまようじの使い方から、シャツ、おでことといい同一人物のよう。

［親分子分編］ 性格は違えども、つい一緒にいてしまう2人組。古い付き合いの場合が多い。切ないくらい上下関係があることも。

階級の差が歴然と分かる２人。何があったのか？（頼まれた馬券を買い忘れたとか？）右のおじさんが硬直するほどビビっている。［12月 ウインズ後楽園］

大阪の飲み屋街。神妙な面持ちで右のおじさんが心配されている。服装からして金持ちと貧乏コンビに見える。［1月 梅田］

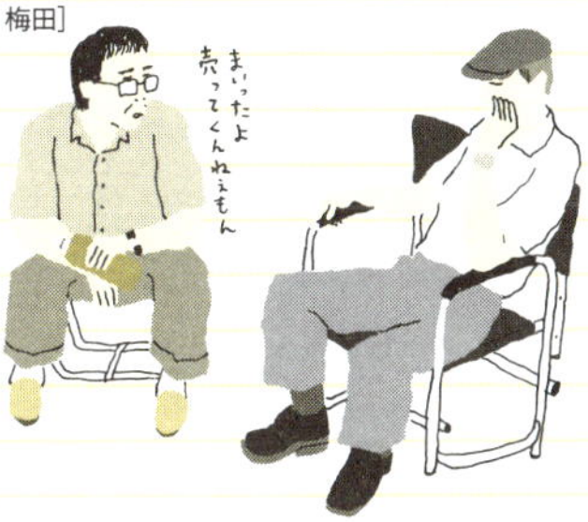

懐かしの再開をした風の２人。品の良い感じのおじさんと、豪快なおじさん。幼馴染みのようだ。［7月 上野公園］

愚痴を言うおじさんと、それを聞いているのかいないのか、無口で相槌を打つおじさん。［7月 上野の骨董市］

総合評価

POINT 80

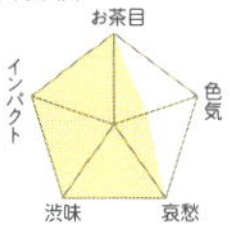

級友って素晴しい

二人でいるとドラマが見える!?

二人は高校の同級生。性格は違えど妙にウマが合った。卒業と同時に左の一匹狼風のおじさんは音信不通となったが、ばったり突然の再会…。全くの事実無根ですが、そんなドラマを連想させる二人。

夫婦でいるおじさん

奥さんと一緒に外出しているおじさんのこと。何十年も連れ添った夫婦は、どこかが似ている。服装はまだしも、男女の枠を超え顔まで似ちゃっている場合も。なんだかんだ言って似ているということは幸せな夫婦の証なのかもしれない。

野外フェスに来ていた60歳くらいの夫婦。攻めてる〜。

旦那さんの無理な体勢が愛情の印。

眉 毛の太さなどがほぼ同じ。奥さんがおじさんぽい。お互いが徐々に近づいてきたというより、奥さんが一方的に似ていった感じ。［3月 目黒線内］

気 抜け具合がそっくり。駅の構内だというのに部屋着のようなこのラフさ。［7月 蒲田駅］

高 そうな服を着た、見るからにお金持ちそうな夫婦。元々家柄がいいというより、それぞれが会社役員をしていそうな強さを持つ２人。［2月 南北線内］

家にはレコードがいっぱい

同じ色でそろえている夫婦。完全に奥さんに着させられている感がある。

青年と少女のような初々しさを放つ夫婦。奥さんが旦那さんを見る目がすごく優しい。

旦那さんが女性っぽく、2人ともおばさんに見える夫婦。奥さんの趣味なのかファー付きのコートが余計に女同士に見える。奥さんは至って普通で表情はおだやかなので幸せそうだ。[2月 三田線内]

ファー
ファー

アロハシャツにジーパンにヘッドフォン。ほぼペアルックの夫婦。手をつないでラッブラブ。

[9月 京都]

お父さん、よくうつってるわね
ほら

東寺の前で記念撮影をし合い、見せ合う夫婦。地べたに座っちゃうなんて無邪気すぎる。ズボンがおそろい。

[8月 京都]

総合評価

POINT
80

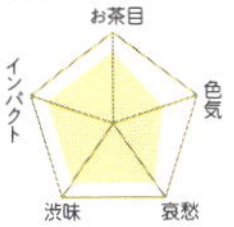
お茶目
色気
哀愁
渋味
インパクト

結婚しているおじさんは安心感がある

関西はラブラブ！

京都、大阪では、手をつなぐ夫婦を多く見かけた。風変わりではなく、極々普通の夫婦。関西の方が気持ちを素直に出すようだ。どんな形でもよいけれど、奥さんを大切にするおじさんはかっこいい。

NO. 35

部下といるおじさん

上司と部下は、年齢ましてや性別をも超えて、雰囲気がどこか似ている場合がある。類は友を呼ぶというが、やはり似た者同士は自然と集まるのだろう。そんな２人からは、儲かっているかは別として、居心地のよさそうな会社が想像できる。

間抜け気味な上司と部下

お笑いコンビのようなキャッチーな２人。部下が文句を言っているようだが、上司は的を射ていない様子。噛み合わない具合が噛み合っていそう。[1月 名古屋]

理想的な上司と部下

すごく仲良しそうで、笑いの絶えない２人。さわやかで感じがよいが、上司がいやらしい顔だったので、少し不安。

[7月 中央線内]

お人よしな上司と部下

飲み会で全員ビールを頼んだのに、ひとりだけウーロンハイが来ちゃうようなタイプの人がいるけど、そんな感じの２人。

[10月 三田線内]

自然体な２人の背中からは感じのよさが滲み出ている。信頼関係のある間柄が想像できる。

総合評価

POINT

78

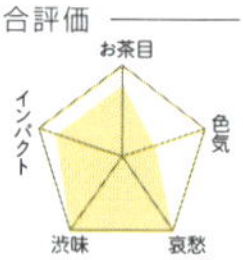

日本のよき社会を感じる

逆の関係!?

見た目は白髪のおじさんが上司のようだが、若いほうの座り方が偉そうで、関係が逆のようだ。それでも相談している様子は感じがいい。立場が逆でも、いい上司と部下の関係があるのかも知れない。

不倫してる？ おじさん

きっと彼女だと信じたいが、女性が若すぎたり、不自然な距離があったり、何か不穏な空気が漂うふたり。おじさんがだまされそうなイメージだが、女性がおされ気味の関係がわりと多い。

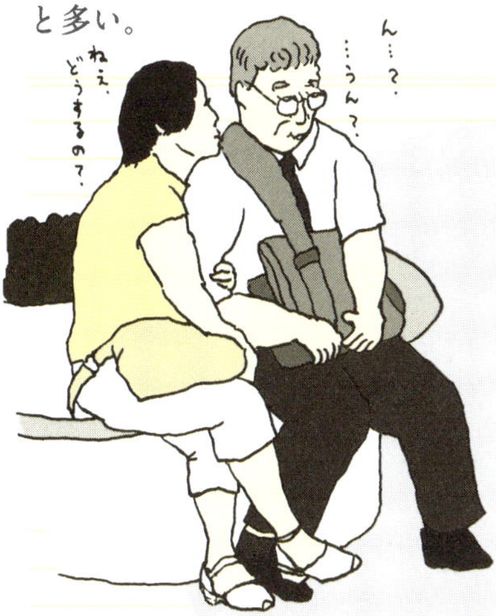
ねえ、どうするの？
ん…？ …うん？

娘ほど歳のはなれた女性と喫茶店に。女性の格好が派手なわりに、おとなしく、緊張気味。あやしい。
[7月 有楽町]

女性がおじさんにダラリともたれかかっている。おじさんは、うつむき加減だが笑みがこぼれてしまっている。女性の表情が暗いのが何か重い。
[8月 渋谷]

上司と部下だと思うが、女性がすごく楽しそうで、きっと好きなんだろう。上司も気付いている様子。[1月 難波]

20歳は年の差がありそうなふたりは始終手をつないでラブラブ。ロマンスグレーのおじさんは渋くてモテるようだ。[6月 不動前駅]

総合評価

POINT 32

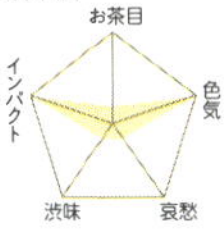
お茶目
色気
哀愁
渋味
インパクト

掘り下げるのが怖い

これは同伴！

午後一時すぎに、堂々と街を歩くふたり。どこまで親密かわからないが、どうせならこれぐらいあからさまのほうが笑い話にできていい。さすが名古屋。ちなみにおじさんの鞄にはペコちゃんのキーホルダーが。

COLUMN

おじさんにモテる女性たち

「わたし、おじさんにはモテるんだ」という女性の話を聞いていると、関係は色々だが、それぞれおじさんとの距離が近く「おじさんてイイかもな」という気持ちが心の奥底にあるのを感じる。それを察知したおじさん達がふらふら～と寄っていくらしい。社会的に「モテる」女性とは一味違うので、3タイプにわけて紹介します。

気さくなねえさんタイプ

友人のお父さんの会社の「ひろこさん」という女性はまさにこのタイプということで、飲みにつれていってもらった。駅で待ち合わせると、ひろこさんは「ちょっと友達に電話するね～」と電話で話し始めた。友達というのが、紹介してくれるおじさん達らしい。飲み屋に着くと、4人のおじさんがすでに酔っぱらっていた。しょっぱなから「ねぇねぇ、いつから飲んでるの？」と55歳以上のおじさん相手にタメ口だ。おじさん達はひろこさんのことを「ひろこ」と呼び、ひろこさんはおじさんのことを、「坂本」と呼び捨てか、「坂本君」と君付け。「さかもっちゃん」とあだ名で呼ぶこともある。完全に同級生の友達と一緒だ。正直、少しはあやしげなにおいがするのかと思っていたので、疑ってすみませんと思った。むしろおじさん達が引いている時もあるくらいだ。想像をはるかに超えていた。ひろこさんの地元、横浜にもいいおじさんがいるとのことで、数日後また横浜の野毛に繰り出した。ひろこさんは、おじさんを「おじさん」と捉えないで、いい飲み仲間と思っているみたいだ。オススメおじさんNo.1こと大島さんのインタビューは（→p.116）。

友達のおじさん達とひろこさん（左端）。おじさんがボケればひろこさんがツっこむ。

先に帰るおじさんを、見送るひろこさん。あやしい風に見えるが全くあやしくない。

むっちりダサめな影ありタイプ

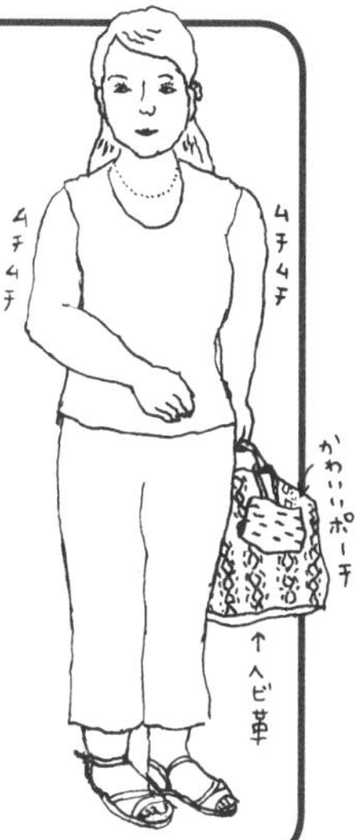
ムチムチ
ムチムチ
かわいいポーチ
↑ヘビ革

実際におじさんとお付き合いしているのはこのタイプ。ただ本当に「おじさん本人」が好きなのか一番あやしいのもこのタイプ。本命に相手にされていない、おごってくれるからなど、好き以外の理由がありそうだ。双方同意の上だろうから余計なお世話だが、池袋の珈琲専門店〇爵でそんな２人を見かけた。少々イヤらしいくらい小綺麗なおじさんと、40歳前後の女性は親子ほどの年の差だがよそよそしい。盗み聞きすると「家に帰るとね、出迎えてくれるんだよ、かわいいんだよお」と、おじさんが愛犬の話を一生懸命している。しかし女性はほとんど興味のない様子で、愛想笑いで相づちを打ちつつ、髪をいじっていた。人事ながら気の毒な感じだ。おじさん自身も「若い女性」という基準だけで選んでいそうなのでどっちもどっちか。あまり掘り下げたくない関係だ。

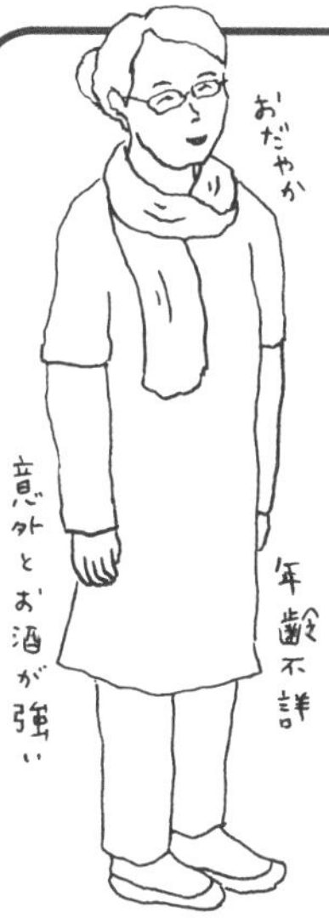
おだやか
意外とお酒が強い
年齢不詳

「おじさま」と言えるおっとりタイプ

年配の男性のことを本当に素敵と思っていて、他意もなく心から「おじさま」と呼ぶ。思い描いているのは銀座にいそうな粋な紳士（おヒョイさんこと藤村俊二のような人）なはずなのだが、優しいので普通のおじさんのことも「おじさま」と呼べてしまう。知人のＳさんもまさにこのタイプ。ひとりではとバスツアーに参加した時(単独行動が得意なこのタイプならでは)、参加者のおじさんが「おひとりですか？」とさらりと声をかけてきた。結局バスツアーの自由時間は行動を共にしたとか。その顛末を嫌そうではなく、こんなおもしろいことがあったのよと、ニコニコして話してくれるのがこのタイプ。おじさんと話すことを楽しんでいるので、こういう女性と知り合ったらラッキーだと思う。ただ異性と付き合うことに積極的ではないので、交際に発展する可能性は低い。

NO. 37

夏のおじさん

夏限定で見られるおじさんスタイルのこと。暑いから涼しくなりたい、という率直な気持ちがよく出ている。「あっち〜」と、うちわでパタパタと煽ぐ姿や、薄着で涼んでる姿などは、夏の風物詩とも言えないこともなく、風流でいい。

[うちわのおじさん]

主にパチンコ屋か家電量販店のうちわが人気。あおいだり、日よけにしてみたり。

かなりラフな格好なのに、目つきが鋭く、渋味があるおじさん。怖いくらい。ディープな場所が近いので、探るのはよそう。

[7月 荒川付近]

待ち合わせか、花壇に腰掛けるおじさん。手首だけを使ってパタパタと。何か威厳がある。[8月 後楽園付近]

「大型新台入替」と書かれたパチンコ屋のうちわが、ヨレッとした格好にマッチしている。[8月 蒲田]

[扇子のおじさん]

うちわと平行して、扇子も人気。

背中に常備しているおじさん。ちなみにこのうちわ、くまの形。

扇子のほうが風流かと思いきや…？全体的にベージュっぽくてメリハリがない。

[8月 三鷹駅]

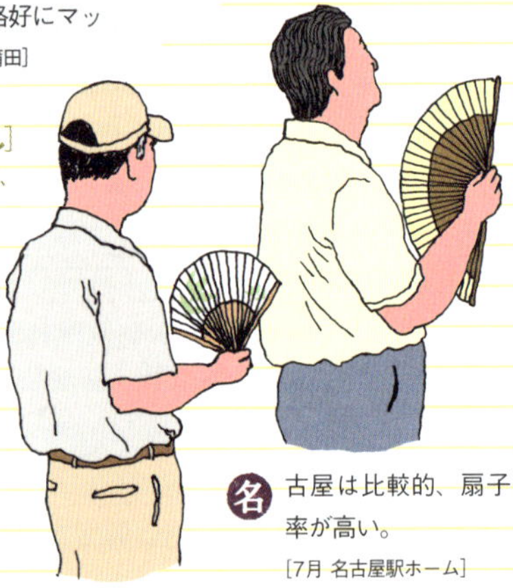

名古屋は比較的、扇子率が高い。

[7月 名古屋駅ホーム]

[ランニングシャツが透けているおじさん]

おじさんは、暑くても下にランニングシャツを着る習慣がある。
決して素敵ではないが、悪くはない。

横 縞シャツで柄入りだけどしっかり透けている。どこかに急いで向かっているようで、苦しそう。
[8月 日本橋]

ふぅ~
手にもっているのは地図?

↑缶ジュース

上 だけでなく、下のハーフパンツも透けてしまっている。ほぼ丸見え。ここまできたら、シャツは着なくてよいのでは?
[8月 千葉駅ホーム]

[外で涼むおじさん]

キャン

お 風呂上がりのラフな格好で、愛犬と一緒に家の前で夕涼み。犬もリフックスした体勢。とても気持ちよさそう。[8月 狭山市]

朝の涼しいうちに、家の前で新聞を読むおじさん。右上に隣のおじさんの白い洗濯物(ランニングシャツ)が見える。

総合評価

POINT 70

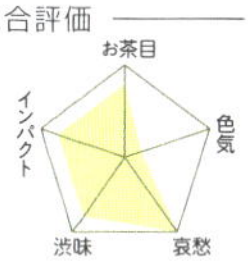
お茶目
色気
哀愁
渋味
インパクト

夏の雰囲気がおじさんによく出ている

おじさんはとにかく暑がり!

男性は暑がりが多いが、おじさんになると我慢しなくなるので、さらに暑がりに。写真は上野の不忍池を自転車で走るおじさん。走行中の暑さに耐えかねてか、熱反射する素材で自作の屋根を付けていた。

NO. 38

おじさん基本のシャツ

おじさんが私服としてよく着ている7種類のシャツを、見かける順に一挙ご紹介。人柄によって、好むシャツの種類に差があるようだ。けっこう派手なものでもおじさんの渋味で中和されて、自然に着こなしている。

[チェックのシャツ]

基本中の基本。誰でも似合う定番シャツ。おじさんからおじいさんまで色合いもさまざま。

雷門の前で
待ち合わせ。

太めのおじさん。大きめのチェックシャツをガバッと羽織って。赤チェックシャツにハンチングは多く見かける人気のスタイル。

[7月 浅草]

古本を物色中
縦長鞄

斜め掛けの縦長鞄のおじさんは、定年を過ぎていることが多い。

[9月 神保町]

あんみつ
食べて
いくか。

奥さんと散歩中。チノパンを合わせ、きちんとベルトをして足元は革靴。きちんとしたおじさんの、私服定番スタイル。

[7月 上野公園]

モノトーンでまとめて、めがねに紐をつけたり、袖を少しまくったり、ちょっとこだわりのあるスタイル。チェックのシャツの応用編。

[9月 春日駅]

[横縞のシャツ]

縦縞とは方向が違うが、生地も異なる。肌なじみのよい、くたっとしたＴシャツ生地でできていて、着心地がいい。楽ちんなシャツ。

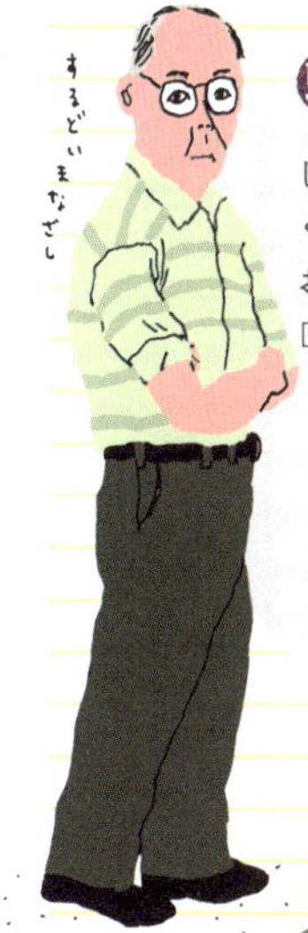

するどいまなざし

頭 が良く、ちょっと怖そうなおじさん。古書店がよく似合う。おやつにおかき食べてそう。[9月 神保町]

ビ ビッドな赤が入った縞のシャツは、襟を立てて、ハンチングを被って、手は腰に。にかっと笑って元気に着こなす！猫背に厳しそう。[8月 白山駅]

電車を待っているはずだが…
笑顔
姿勢正しく!!
手は腰

なんだろう、あれ

手 ぶらで自転車で、移動中。気楽な感じ。発泡酒でも文句言わなそう。

[7月 上野]

[縦縞のシャツ]

ワイシャツのようなパリッとした生地で仕立てられている。横縞よりおしゃれ感、よそ行き感があるので、ちょっとした打ち合わせなどにも対応できる。万能なシャツ。

和 菓子屋っぽい紙袋は手土産か。少々派手めなシャツを、草色のズボンに合わせておじさんらしく着こなしている。[7月 上野]

自 然系ライターのおじさん。公園で取材中。鮮やかなストライプがクリエイティブな感じをにおわせる。前髪のせいか少しおばさんぽい。[7月 木場]

この写真で違いが伝わるだろうか。右の横縞シャツのおじさんのほうが若干だる～んとしている。おじさんの好みと性格の差が出た１枚。

[アロハシャツ]

実は多い夏の定番。派手なアロハだが、まるでチェックのシャツかのように平然と着こなしている。一見地味だけど、人柄は陽気なタイプのおじさんが着ていることが多い。ちょびヒゲ率も高い。

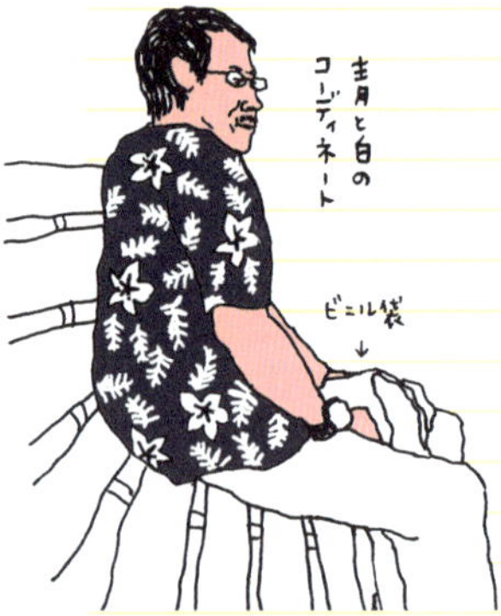
青と白のコーディネート
ビニル袋

細めの眼鏡でズボンもスニーカーも白。キザにキメたアロハ。
[9月 東府中駅]

きっと後ろを歩く奥さんのもの

両手にビニル傘を持って大股歩き。休日のお父さんアロハ。
[9月 新宿]

陽気なアロハも年の功にはかなわない

アロハを派手なものと思ってはいけない。鈍いトーンと、細身の体形も手伝ってかなり渋い。味のあるアロハ。[8月 新宿駅]

かなり派手

真っ黒な髪と、茶色い革のアタッシュケース。どこかあやしげなアロハ。[8月 四ッ谷駅]

買い物を終えたおじいさん。アロハなのに地味。穏やかなアロハ。[8月 巣鴨]

公園の売店。友人とおしゃべりするアロハおじさん。座り方も良く実に陽気な着こなし。

[変な柄のシャツ]

説明のつかない奇妙な図形の柄シャツのこと。独特な柄なので、気に入って着ているようだ。ただ、絶対にこれ！というわけではなく「派手だけどなかなかいいでしょ」くらいの緩めのスタンス。

レースの結果がうつし出されたモニターを見ている

刷毛でサッと塗った時のようなグラデーションが気になる。色もピンクのような紫色で目立っていた。
[8月 平和島競艇]

波とサーフボードをモチーフにしたであろう大胆な柄。スニーカーの色味と合わせている。
[8月 新宿駅]

一眼レフのデジカメをやや距離をおいて眺めている
ヨドバシカメラにて

木の葉のような模様。全身が茶色っぽく、秋を感じさせる素敵なコーディネート。麦わら帽子も鞄も洒落ている。[8月 新宿]

連続した○が不思議な味わい。関西の陽気さも感じる。[7月 甲子園球場]

ブレスレット

幾何形態の中にヤギのような動物、ヤシの木など実はかわいらしい柄。
ぽっこりお腹

ペイズリー風の不思議な模様に金縁眼鏡。少々こってりとしたものが好きらしい。

[ダンガリーシャツ]

ダンガリー生地（デニムの一種）でできた、薄いブルー色のシャツのこと。Ｇパンと合わせた、全身ダンガリースタイルは仲間とワイワイするより、趣味に没頭し、ひとりが好きな一匹狼的なおじさんに多い。

ダンガリーシャツをジャケットのように着こなしている。赤い眼鏡と合って結構かわいい。

[11月 三田線内]

フリマでうろうろと物色。ヘッドフォンにこだわりを感じる。[11月 明治公園]

池袋のビックカメラに行った帰りのようだ。ゆったりしたダンガリーなのにお腹周りはキツそう。

[6月 西武池袋線]

10月 東京ドーム近くのゲームセンター

ダンガリー親子

父親と長男が全身ダンガリー。このように、あまりおしゃれに興味のない青年が着ていることもある。休日に男３人でゲームセンターは少しだけ心配。

シャツとズボンは定番としても、ベストもダンガリーは珍しい。バッグもブルーだし筋金入りだ。

[ゴルフシャツ]

ゴルフの時に着るシャツのこと。ちなみにポロシャツとどこが違うのか？ ４社（ブリヂストン、ダンロップ、ヨネックス、ラルフローレン）に電話で尋ねたところ明らかな違いは無いそうだ。強いて言えば、屋外のスポーツなので少し派手、スウィングしやすいようにゆったりしている。など回答を頂いた。

ゴルフクラブを持っていたので、明らかにゴルフシャツだろう。充実した休日。[8月 六義園]

だいぶ着てるのかかなりくたっとしている。市場界隈の飲食店のおじさんか。[9月 築地]

シャツの襟を立てたり、セカンドバッグが小金持ちっぽい。会社役員風。テニスも好きそう。
[8月 高円寺]

WINSにて、もくもくと新聞にチェックを入れるおじさん。
[6月 WINS 後楽園]

スポーツにも普段にも使えるけど、スポーティ過ぎず動きやすい、実はお得な服なのかも。

全身白っぽいおじさん

全身を白っぽい色でコーディネートしているおじさんのこと。夏の外出着にしたり、ラジオ体操の正装だったり、少し特別な時に着ていることが多い。白はおじさんの中でキメの色、かっこいい色なのかも知れない。

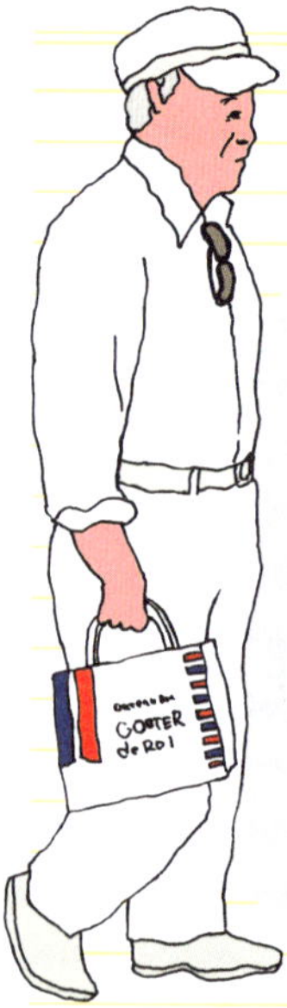

ノータックのズボンで、おしゃれカジュアルスタイル。ベルトも白色で徹底している。
[8月 銀座駅]

多機能ベストの白色を着用。シャツは水色だが、これもかなり白っぽい。
[7月 大阪]

高円寺の阿波踊りを見ているおじさん。襟つきのシャツに短パンで適度にラフ。
[8月 高円寺]

ちょいワル風スタイル。漂白したように真っ白なジャケットとズボンで目立つ。颯爽に着こなしている。[9月 新橋駅付近]

久しぶりの仲間と再会した旅行中のおじさん達。8人中7人白っぽい。
[9月 談合坂 SA]

姿勢がすごく良い
タック入り

ス ーツタイプ。仕立てがよさそうだが、分厚くて暑そう。きっと一張羅。

[7月 落合]

肩パット入り
↑荷物が重そう
タック入り

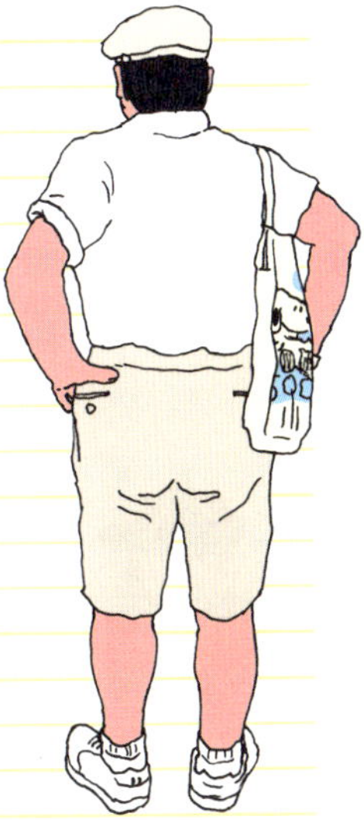

テ ニスルック？バスが来るのを、ATM内で涼みながら待つおじさん。袋にはスヌーピーの絵が。

[7月 落合南長崎駅付近]

堂 々とした白色スタイル。ガハハ！と笑いそう。食べっぷりもよさそう。

[8月 銀座松屋前]

まぶしいほど白!!
ラジオ体操帰り??

ラジオ体操の帰り。仲間と。

ラ ジオ体操の指導員かと思ったが、短パンにハイソックスはちょっと違う。

[8月 蒲田駅]

早朝の大阪城にて。元気に体操。「だいはんじょう」と読むのがおっちゃん式！

総合評価

POINT

75

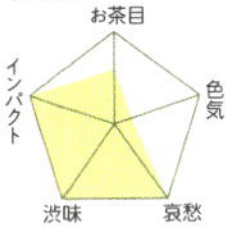
お茶目
色気
哀愁
渋味
インパクト

夏には欠かせない

理由は好きだから！

白いズボンと白いモカシンを履いているおじさんに、なぜ白なのかを聞いてみました。「だって〜、俺白好きだもん」とのこと。大塚さん（24ページ）が赤い理由も同じく「好きだから」でした。

NO. 40

全身茶色っぽいおじさん

上下茶色の服を着ているおじさんのこと。実は秋の風景を作りあげている影の脇役。茶色はおじさんによく似合う。景色に溶け込みすぎて、気付かないこともしばしばある。これだけ茶色を着こなせるのは地味めな顔の日本のおじさんだけだ。

茶色のキャップがめずらしい。縦長のかばんは定年したおじさんの目印である。[11月 横浜市中区]

ベージュから焦げ茶まで、見事な茶色のグラデーション。基本のチェックシャツをあわせていて完璧。[11月 横浜市中区]

東京観光中のおじさん。スカーフを差し色にしてキメている。奥さんがはしゃぎすぎてやや疲れ気味。[11月 浅草]

バス停のベンチでひと休み。寝ているようで、微動だにしない。[11月 新宿]

なぜか足を開いて、ペットボトルのお茶を飲む。何かの験担ぎらしい。茶色のお出かけ着で。

全身ベージュっぽいおじさん

白っぽいおじさんと茶色っぽいおじさんの間にはベージュ色のおじさんもいる。初秋に登場。やや高齢のおじさんに多い。雰囲気が優しい。銀座を歩くトリオは同級生か。

NO. 41

おじさん基本の帽子

おじさんは帽子率が高いうえに、よく似合う。麦わら帽子などは、若者がおしゃれで被っていると鼻につくが、おじさんは自分のものに着こなしている。ここでは、より良く似合っている例や、おじさんならではの白い帽子を紹介。

《ハンチング》

濃いめのハンチング

何よりややキザな雰囲気のサングラスが光っていた。[7月 名古屋]

気合いのハンチング

競馬新聞をチェック中。この日は有馬記念開催日。[12月 常盤線内]

真面目なハンチング

お散歩一行の先頭に立って、誘導していた。[5月 小石川]

《ハット》

ピチピチの白ハット

頭の形がくっきり出るほど。風がふいても大丈夫。[8月 蒲田]

仲良しハット

他の仲間もチェックのシャツに帽子。類は友を呼ぶ。[6月 竹芝]

おだやかなハット

細部が昭和っぽく、赤い羽根がついていそうな帽子。[9月 新宿]

《キャップ》

でかロゴキャップ

ややや太めなおじさんとSPEEDというギャップに釘付け。[8月 蒲田]

散歩用の白キャップ

白いTシャツに白い靴下、白いタオルを持って商店街を早歩き。[8月 中野]

ポイントのキャップ

全身真っ黒で帽子だけ白。ちょっと強面な固めのおじさん。[8月 蒲田]

正体不明のキャップ

顔の半分がマッカーサーみたいなサングラス。

[10月 神保町]

偽物？なキャップ

PUMAらしきマークがあるが、微妙に違う。

[9月 京浜東北線内]

機能重視なキャップ

膝丈パンツで軽快な格好のおじさん。

[7月 三田線内]

でかロゴキャップ

ニューヨークシティがとにかく目立っている。

[6月 三田線内]

真っ白なキャップ

痩せ型で色黒、うつむき気味の一匹狼風のおじさん。[9月 大阪]

審判風な白キャップ

上着はジャージだが、下半身はタックズボンに革靴。[4月 千鳥ケ淵]

《麦わら帽子》

おしゃれな麦わら
おろしたてな感じですまし顔。［8月 新宿］

日常使いの麦わら
夏は毎日被っているのだろう。［8月 蒲田］

休日の麦わら
海辺にてバケツを持って魚釣りへ。［7月 千葉］

小さめの麦わら
頭にポンとのせるだけ。［8月 蒲田］

アロハと麦わら
最大限の夏仕様で夏を満喫。［8月 神保町］

こだわりの麦わら
不思議な柄シャツとあわせて。［9月 春日］

《変わり種》

ベレー帽をすっぽり
まるでどんぐりのよう。［6月 西国分寺］

イスラム帽とアロハ
不思議と民族系にならない。［5月 新宿駅］

バンダナ巻き
巻き方にこだわりを感じる。［6月 神保町］

NO. 42

NIKEキャップのおじさん

よく見かけるおじさん達に大人気の帽子。スウッシュマークとシンプルなデザインが人気の秘密か。特にこだわりはないようで、「格好なんて別に何でもいいけど、被るならこれかな」てな感じのスタンスな人が多いようだ。

THE STYLE

黒地に白マークが定番

一番よく見かける、黒地に小ぶりの白のスウッシュマーク。どんな服にも似合いそうだ。黒の持つイメージからか、明るく朗らかというより、口数が少なく、体型も細めの人に多いように思う。好むお酒も、ワインではなく焼酎。

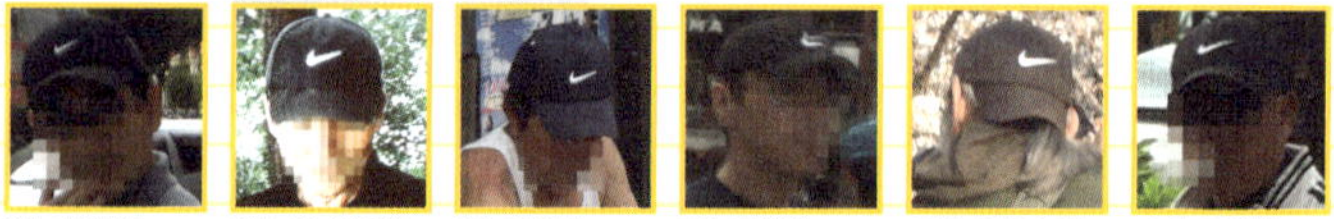

9月 神保町 / 6月 テレビ番組 / 9月 千葉県 / 9月 表参道 / 10月 千鳥ケ淵 / 10月 表参道

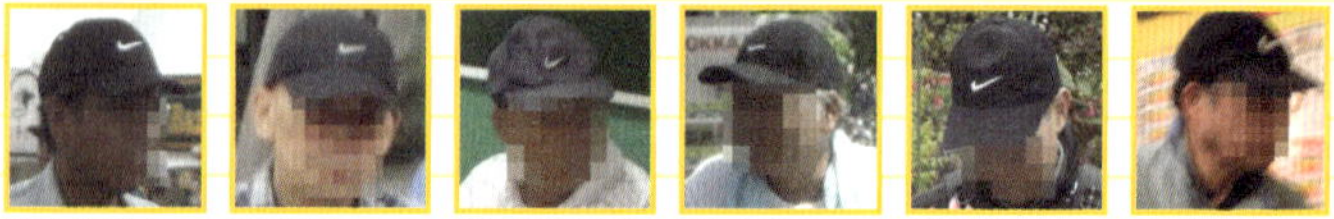

10月 山梨県 / 8月 荻窪 / 7月 名古屋大須 / 9月 山谷 / 4月 山谷 / 7月 大阪

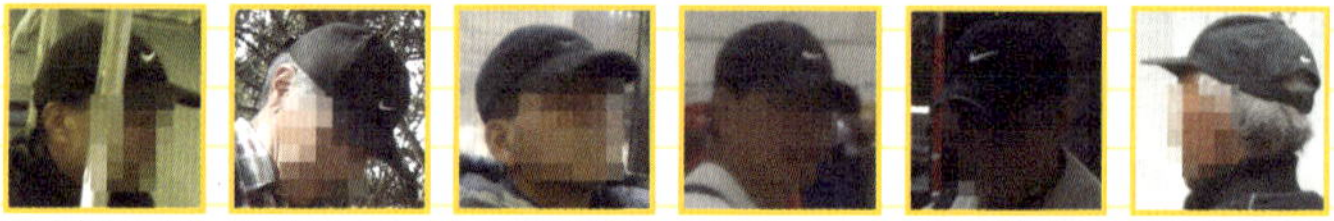

11月 大江戸線内 / 7月 柴又 / 2月 京浜東北線内 / 9月 新宿 / 10月 千代田区 / 12月 都内WINS

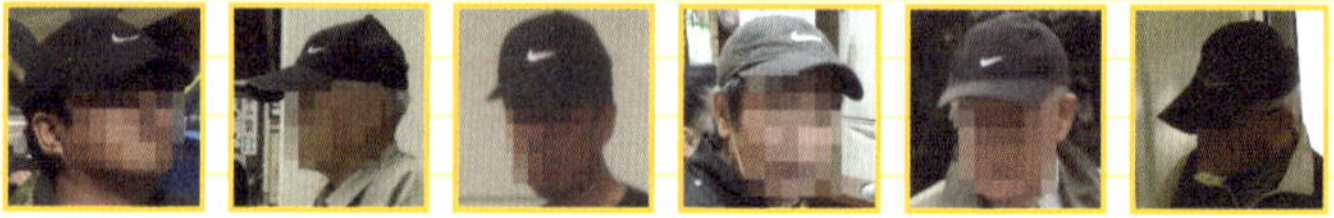

10月 朝霧JAM / 4月 戸越銀座 / 7月 千葉付近 / 4月 立石 / 10月 西荻窪 / 9月 京浜急行線内

意外とおじさんは白が好き
清潔感のある白

珍しい白地バージョン

定番に続いて多いのが、白地に黒のマーク。白髪と相性がいいのか、やや年配のおじさんに人気のようだ。

村上ショージ

9月 豊島区

8月 新宿

12月 東武線内

微妙ににぶい色

さらにレアなバージョン

黒でも白でもない暖色系。寒色系は１度も見かけなかった。ちなみに金沢で紫色を目撃したとの情報有り。

12月 上野？

6月 上野

8月 京都二条駅

10月 大江戸線

存在感
スウッシュマークがかなり大きい

定番かと思いきや？

つばにふちがあったり、スウッシュマークが少し太めだったりして、よく見るとちょっと違う。

微妙な太ナイキ

囲みナイキ

Bigナイキ

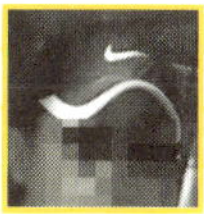
ふちあり極太

布団屋の店頭

購入は商店街で！

実際に販売している所を抑えた。どれも商店街にある布団屋、帽子屋など。20年は続いていそうな昔ながらの小売店で販売中。結構いい場所に置かれている。価格は1580円程度。

総合評価

POINT

60

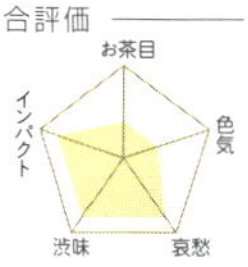
お茶目
色気
哀愁
渋味
インパクト

幅広い層に愛されるナイキ

おじさんに人気の理由は？

えっ

飲み屋さんに、この帽子を被ったおじさんがいたので、今がチャンスと思い、「その帽子、どうしたんですか？」と聞いてみた。そうしたら「え？ もらったんだよ」とのことでした。

NO. 43

怪しいヘアスタイルのおじさん

率直に言えば、かつらっぽいおじさんのこと。すぐわかるあからさまなタイプと、わかりにくい高機能タイプがいるが、どちらにしろこっそりあだ名を付けられたりしていて、トホホ度満点。かつらは高級品なので小金持ちに多い。

束感《たばかん》→

美容院でやってくれるおしゃれ束感とは一味違う。
※束感…髪の毛が束になっている状態のこと。
[6月 三田線内]

←つやつや

←浮いている

襟立て＆ひげでちょいワル風な珍しいタイプ。
[8月 六郷土手]

襟足が不自然になる。下向くと目立つ。

海苔より黒い!!

ぺったり

商店街の出入口に立っていたおじさん。[7月 名古屋]

奥さんと一緒にいたおじさん。ないもの乗せたり、全身チェックだったり、要素をプラスしていく感じが小金持ちっぽい。[8月 新宿]

ほぼ、おじいさんなのだから、髪も身の丈に合った状態がいい。[12月 新宿]

ボリュームなし

おかっぱ？

宝くじを買ってたおじさん。[7月 新宿]

頭のせいで5頭身

花嫁の日本髪かつらみたいなのをすっぽり被っている、スーツ姿の嘘みたいなおじさん。[10月 池上線内]

まさかちょびひげも？

浴衣の女性と並んで座っていたおじさん。髪型のせいで色々信用できない。
[7月 大江戸線内]

微妙な茶髪

微妙な茶髪は可能性大。マフラーがいい感じなのに、もったいない。
[3月 大江戸線内]

155cmくらいの小さいおじさん。かつらが大きすぎる。せめてジャストサイズを。
[10月 恵比寿]

総合評価

POINT 40

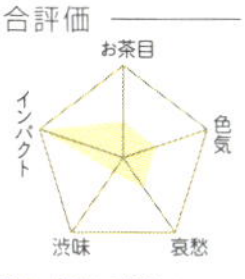
お茶目
色気
哀愁
渋味
インパクト

笑いたいけど、笑いづらい

高機能タイプのおじさんとは!?

・会社で課長クラス。
・単身赴任で浮気をしている。
・Yシャツはピンクかストライプ。
・ある日「あれ？髪型がずっと同じ！」と気付く。（一年以上必要）

NO. 44

ユニークなヘアスタイルのおじさん

若者にはとても真似できない、独自のヘアスタイルをしているおじさんのこと。流行っている、似合っている、洒落ているといった世間一般が気にする事を超えた、不思議なこだわりがある。どうなっているのだろう？と好奇心をそそられる。

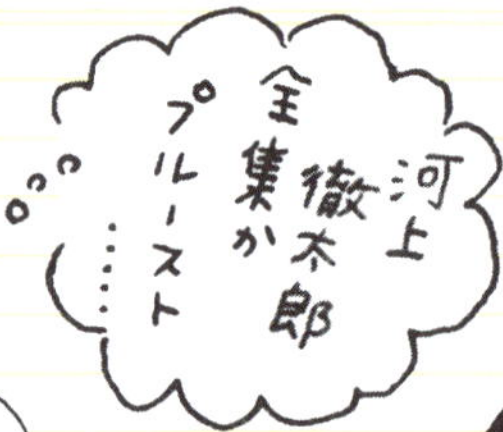

ボサボサ頭が学者っぽく見える。鷲鼻のせいで魔女のようにも見える。[6月 国分寺駅ビル中華料理店内]

ホワホワした白髪を、まるでガーゼのように額に沿わせた、優しげな髪型。おばさんでもイケそうだ。[6月 池上線内]

髪の毛の中に形作る発泡スチロールでもいれているのかというほど、きれいな丸みをキープしている。ベレー帽みたいだ。[7月 東横線内]

後頭部の髪の毛を後ろからずっと前に持ってきている。禿げ頭を隠しているのだろうと思うと、複雑な気持ちになるけど、芸術家かも知れないと思えば、独創的に見えてくる。[8月 錦糸町]

目を凝らしてよくよく見たが、髪の流れがどうなってるのかさっぱりわからなかった。つむじも分け目も見えない。[9月 三田線内]

（うなずいてから）
……これは単なる
赤ではない
ですね……

襟足が、海苔をはりつけたようにぴっちり。床屋帰りか。すっきりというより、神経質っぽく見える。[3月 川崎駅]

思わずピシャリとたたきたくなるほど、気持ちよく禿げている。つるぴかはげといえばそれまでだが、このヘアスタイルは頭がいい人に多いようだ。[9月 某テレビ番組]

黒々とした髪の毛が豊富で、ボリュームもある。まるでカツラのようだけど、不思議とそういう胡散臭さは感じられなかった。[1月 山手線内]

横浜銀蝿のようなリーゼントスタイル。ロックバンドでもやっていたのかもしれない。もはや、凄みなどはなく、穏やかな表情で電車を待っていた。[11月 新宿駅]

もみ上げと襟足は白く、フワフワしたところが黒いという染め分けたような不思議な髪型。[6月 中野駅ホーム]

総合評価

POINT 53

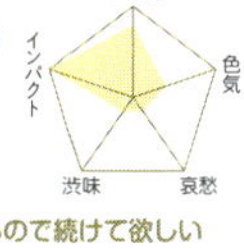

お茶目
色気
哀愁
渋味
インパクト

個性があるので続けて欲しい

つるぴかはげとふさふさの謎

集中。
用意始め！

某テレビ番組で、世界一暗記が得意な人の特集を見た。一位のドイツ人が見事なつるぴかだった。一方、髪がないほうが楽そうな、肉体労働派の野宿者のおじさんなどは髪がふさふさが多い。

NO. 45

あほ面のおじさん

口をぽかんと空けたり、どこか抜けているけれど、愛嬌のある顔のおじさんのこと。おもしろみがあって、いい人そうに見えるのがポイント。犬っぽい顔とも言える。芸能人代表はアホの坂田こと坂田利夫。

とぼけた感じのまぬけ顔。素朴な良さがある。頬のホクロから毛が生えていそうな気がする。

[12月 渋谷東急カメラフェア]

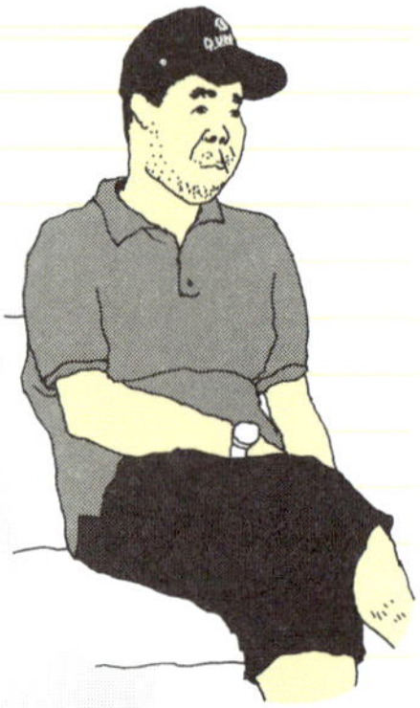

濃い眉毛、つぶらな目と、ぺちゃ鼻などパグ的な顔。きょとんとしていて、とても純粋そうだ。

[7月 大江戸線内]

ホームで三田線を待つおじさん。全体的に力が抜けている。のんびりと暮らしていそうでよい。

[9月 白山駅]

あ〜り
が〜と
さ〜ん

アホも、極めれば人気者！よしもとの人気芸人坂田利夫。実際とてもいい人らしい。

総合評価

POINT 70

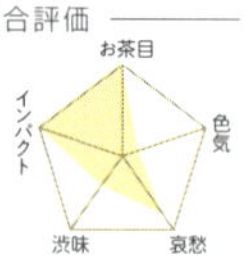

お茶目
色気
哀愁
渋味
インパクト

極めれば有名人

例外！鼻ほじりおじさん

ほじほじ

子供のように、電車の中など公共の場で鼻をほじくる。あほっぽいが、いい人そうでもなく、汚いし、フォローのしようがない。しかしほじった後の手の行方が気になり、目が離せない。

NO. 46

おじさんぽい子供

太めの体形や、なにげない動作がまるでおじさんのような子供のこと。イケてる男子とは言えないので当時は良さが分からなかったが、今見ると可愛らしい。モテ期までの道のりが長そうだ。

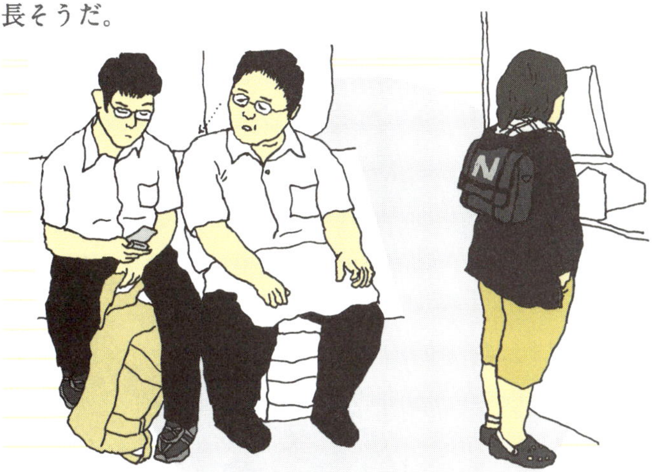

中学生。どっしりとした体形には安定感があり、同級生の携帯をなにげにのぞき見する様子はおじさん臭ぷんぷん。制服姿が、クールビズ中のスーツに見える。

夕方に、お持ち帰りのたこ焼きを待つ小学生。某進学塾のバッグを背負った後ろ姿からは、単身赴任のサラリーマンのような哀愁が漂う。

しゃがむおじさん(→p.43)ならぬ、しゃがむ子供。子供の頃からお尻は浮かせる。

友達がせわしなく話すのを聞き流しつつ、タオルハンカチでのんびり眼鏡をふく小学生。還暦に近い余裕あり。

総合評価

POINT

75

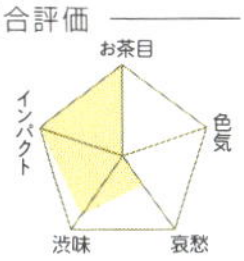

子供ならかわいくてOK

逆に子供っぽいおじさんも

Kさんは、血色の良い頬をし、サービスエリアでは必ず何かモグモグと嬉しそうに食べる。まるで子供のようだが、一流国立大学を卒業↓一流企業に就職。というエリート。油断できない。

NO. 47

かわいいおじさん

中年男性にかわいいとは失礼かも知れないけれど、動作や表情がこぢんまりとして、愛らしく見えるおじさんのこと。あほ面のおじさん (→p.102) と似ているようだが、違いは口元に締まりがあり、シャイな雰囲気を持っていること。

丸い輪郭に、つぶらな目、まんまるい鼻の穴。全体的にきゅっとまとまっていて、かわいらしい。おじさん自身も気付いているのか、シャツが小花柄。
[7月 神保町]

冬に駅の待合所で電車を待つ間にソフトクリームをほおばるおじさん。寒いのに嬉しそう。食べ方は男らしく、上からがぶりと。[1月 伊豆急下田駅]

ホームのベンチで電車待ち。寒いのか目も足もぴたりと閉じて微動だにせず。
[12月 千葉駅]

完全に暇そうなおじさんスタイル(→p.20)だけど、仕事中。たまに柱の裏を見ていてかわいい。

新年会の締めで三本締めの後にカメラをむけたらこのポーズ。女子でもなかなかやれない。

道をきかれて、教えてあげている。黒目がちで丁寧に話している様子がかわいい。
[1月 大須 (名古屋)]

目立った特徴はないが、つぶらな目がかわいい。
[2月 西武新宿線]

せつない表情。子犬のようだ。小腹を満たすおむすびを持って、遠くから街へやって来た、というような健気な表情。 [4月 吉祥寺]

猫を触ろうとするも、おっかなびっくりの手がかわいい。

CHECK POINT

動物を可愛がっているときのおじさんはとっても幸せそう

土手で戯れる。猫のしぐさから、両思いなのがよくわかる。
[3月 多摩川]

駅の改札前で。奥さんを待っているのだろうか。おじさん、愛犬を見てとろけそう。
[7月 品川区]

総合評価

POINT 51

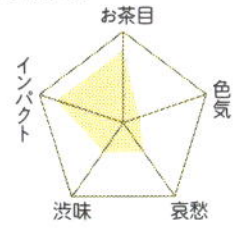

シャイでお茶目

照れ笑いするかわいいおじさん

おじさんの携帯の待受画面は、飼っているペットか孫の写真が多い。それを「え、待ち受け?」と少し恥ずかしそうにはにかんで見せてくれる。かわいらしい。

NO. 48

マスターのおじさん 個人経営の飲食店

個人経営の喫茶店や居酒屋のおじさんのこと。店の雰囲気＝マスターといえるほど、お店にとって重要な存在。品がよかったり、だらしなかったり、単純に良い悪いでは判断できないものがあり、それがお店の個性になっている。

文化系タイプ。店内はレンガなどを使って全体的に焦げ茶色。濃厚なコーヒーを出す。ジャズやクラシックがかかっていて、もちろん喫煙。マスターはダンガリーシャツ率が高い。［4月 西荻窪］

いつものでよろしいですか。

これぞ喫茶店マスタータイプ。テキパキとした動き、気遣っていないような気遣い、ステキな笑顔、謙虚な感じ。ちょっとやそっとでは真似できない。［10月 浅草］

ストイックタイプ。ネクタイをビシッと締め、姿勢良く、おいしい珈琲を落とすのに集中。お店も完璧に整頓されていて、お客さんにも心地よい緊張感を与える。［5月 杉並区］

新宿「珈琲タイムス」のマスター。大体カウンターで一服している。そのマイペースさが、店の居心地を良くしている。小耳に挟んだ煙草にご注目。

テキトータイプ。たれ目の人が多いように思う。［9月 某テレビ番組］

総合評価

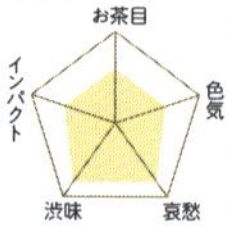
お茶目
色気
哀愁
渋味
インパクト

POINT 75

バランスはNo.1

自営業のおじさんの特徴

ねじりはちまき

マスターを含め、自営業のおじさんはサラリーマンのおじさんと雰囲気が違う。上司がいない自営業は、何でも自分で決める癖がついていて、決断が早い。好き嫌いもはっきりしている。

おじさんインタビューカタログ

飲み屋のおじさんから著名なおじさんまで、いい感じのおじさん達に素朴な質問を投げかけました。全21人を一挙ご紹介!

コラムニストの草分け的存在

泉麻人（いずみ・あさと）さん

①55歳 ②O型 ③コラムニスト ④新宿区下落合

①年齢 ③職業
②血液型 ④出身地
※以下すべて同じ

好きなお酒とおつまみ…
何でもいいんですけど、本当に好きなのは日本酒、味的には。必ず頼むのはもずく酢。ないとちょっと寂しい。
甘い物…
好きですよ。おいしければいい。ケーキとかサバラン。たまに食べたくなるね。
カラオケの十八番…
定番が好きだね。郷ひろみのアップテンポものとか。裸のビーナス、男の子女の子。酔っぱらうと聴きたくなって歌うんだよね。
休日…
7～8時に起きる。西荻で飯食ってね、TOKYO FMの山下達郎の聴きつつ、ひとりドライブ。家戻ったら日本専門の映画チャンネル鑑賞。
モットー…
モットーはないですね。
今一番の関心事…
何でしょうね、色々あるんで…。地図でくらべるのが好きなんですよ。事故とか。とにかく場所を特定するのが大好き。色んな地図持ってますよ。
若者に一言…
いや、どーですかねぇ、どうでもいいんですけどね（笑）。
夢…
夢はないんですよ。1年の計を立てないタイプ。10年手帳とかどうでもいい。先にしばられる感じが嫌なんですよ。ブレて当たり前。ブレ方の問題だから。うん。

好きなところしか歌わない泉流カラオケ

泉さんは酔っ払って楽しくなるとカラオケに行きたくなる体質。この日もお酒がすすむにつれ体が揺れはじめ、会話にも鼻歌が交じり、心はすでにカラオケに向かっているようだった。「たしかパセラがあるはずなんだけど。あの大通りのとこ」と、先頭を切って歩き出した。カラオケBOXはもっと近くにもあったが、わざわざパセラへ。(※関東で展開している少し高級なカラオケBOXで、曲数が多くマイクの音が良い)泉さんの歌い方は珍妙だ。歌いたい部分があって、例えば1番のサビまで歌うと「もういいや」と、プッツリ打ち切る。自分の歌だけでなく、他の人が歌っている時もお構いなしに停止して次の曲へ。自分の歌を突然止められると初めはびっくりするが、たくさんの曲が聴けるので、だんだんこれもいいかもと思えてくる。そしてリズムにあわせてくねくねと踊る。この動きがとびきりおもしろいのだが、写真では伝わりずらいのが残念だ。しかし酔っ払っているかと思えば、trfが流れると「この頃から「～だよね」っていう歌詞が出てきたよね」などと、コラムニスト的な視点は忘れない。若干、千鳥足ながら早足でタクシーを拾い、さっと帰るのが泉流。ちなみに、作詞 泉麻人・歌 内田有紀「恋愛セラピスト」が入っていて、その日も自ら作詞した歌を歌ってくれました。

郷ひろみのような歌声。

世界を魅了する動物写真家

岩合光昭（いわごう・みつあき）さん

①60歳　②B型　③動物写真家　④東京

今の仕事についた経緯…
父の影響。跡継ぎ。すぐに写真家になりました。
好きなお酒とおつまみ…
赤ワイン（ボルドーより本数少ないブルゴーニュがお気に入り）。干しぶどう（枝付き）。
朝食…
和食。ご飯、卵、野菜。朝４時に起きます。
好きな女優…
ジルバーナ・マンガーノ（イタリア）
スナックやクラブなど…
連れて行かれます。でもそばに来られると困る。楽しめない。ショットバーは好きです。
モットー…
モットーない。尊敬する人とか、人を羨ましいと思ったことがないんですよ。
休日…
休日はありません。残念ながら（笑）。（シャッター切らない日もあるんですか？）シャッターを切らない方が多い。シャッター切る時はそうとう覚悟して押してるから。原稿を書いたり色々あって365日仕事です。
今一番の関心事…
常に地球。というか地平線、水平線ですね。
若者に一言…
頭でっかちになるな。自分の中にある野性の呼び声を聞いてください。自分に正直に。
夢…
あんまりないんだけど、どうしよう。温泉行きたいとか？そういうのもないし…。あった、世界平和。地球平和！今考えた（笑）。

普段のスケールが大きすぎて、夢の方がこぢんまりしてました。

＊ ＊ ＊

日本が誇るグラフィックデザイナー

原研哉（はら・けんや）さん

①52歳　②A型　③グラフィックデザイナー　④岡山県

今の仕事についた経緯…
気がついたらデザインをしていた。
好きなお酒とおつまみ…
スコッチ（グレン・モーレンジ）。つまみは何でも。
たばこ…
時々、吸う人に付き合って吸う。
朝食…
ニンジンジュースのみ。
ギャンブル…
やらない。年に一度おみくじを引く。
カラオケの十八番…
大瀧詠一。
好きなタレント…
宮﨑あおい、蒼井優、樹木希林。（大事な人を思い出していないような…）
休日…
あまり休日はないが、書き物をしてテレビを観ている（NHK中心。CMが疲れるから）。
モットー…
全力でやる。
若者に一言…
うらやましいぞ。
夢…
もう一度体を鍛えてトライアスロンをやってみる。

インタビューしようとしたら、自ら記入してくださいました。

談志好きのインテリアショップ店長
森口（もりぐち）さん

①56歳 ②O型 ③インテリアショップ「にっぽんフォルム」店長 ④東京都目黒区

今の仕事についた経緯…
昔からデザインが好きで、大学卒業後インテリア業界へ。社長にヨーロッパに連れていってもらって、インテリアの奥深さに目覚めた。こいつは面白えや、みたいな。（べらんめえ調ですねと言うと）僕ね、落語も聞くんで、談志ですね。8年前にここの店長に。

好きなお酒とおつまみ…
今は塩豆とウィスキーの水割り。自分が子供の頃、親父が飲んでたものにいくんですよね。

甘い物…
好きですね〜、特に豆大福。よく買ってたのが、護国寺の群林堂の豆大福。

朝食…
理想は旅館の朝飯なので、それに近づけるように。

好きな女優…
戸田恵梨香、イングリッド・バーグマン。

モットー…
いいデザインは広く共有されるべきである。前の会社の社長が言っていた言葉。あと女と金に注意しろ、母親から言われました。

休日…
家事と映画鑑賞。アメリカ映画かな。かっこつけたい時はヨーロッパ映画と答えるけど嘘ですね（笑）。あとギター弾き。（おやじバンドもやっている）

夢…
猫屋敷かな〜。近所に思いっきり迷惑をかけながら。猫を布団にして寝たい。

え？写真？こんな感じですか？と、変なポーズをしてくれましたが本当はお洒落な業界にいるんです。

＊　＊　＊

流浪からバイク事故を経て、きのこ大好きシェフ
山岡シェフ（やまおか）さん

①54歳 ②O型 ③フレンチレストランオーナー、シェフ ④愛媛県松山市

今の仕事についた経緯…
流浪→バイク事故→考える→食べるの好き→夜間学校→修業を積んで1993年4月 マッシュルーム（恵比寿）OPEN！

家族構成…
愚妻が1人（笑）。放浪娘が1人。3才のプチとモモ（犬）。

好きなお酒とおつまみ…
ワインかな。シャンパン、赤、かるい白。おつまみはチーズ、生ハム、ししゃも、日本酒ならお刺身、夏はビール。

朝食…
必ず牛乳と、トースト、チーズ、ハム。ぼくね骨密度すごいんですよ。

カラオケの十八番…
たまに行きますね。昔はね「大阪で生まれた女」だったんですけど、尾崎豊の「I LOVE YOU」になって、今は甲斐バンド「安奈」。

好きな女性芸能人…
一番最初に好きになったのは、南沙織。

休日…
きのこ狩りしてます！ 買い出しか映画見に行くか。

モットー…
自分の前に道はなき、自分の後に道ができる。

若者に一言…
とにかく結果が出るまで続けなさい。継続は力なり。

趣味をとことん突き詰めていく情熱がすごい。

営業一筋35年。皆に愛され慕われる先輩

管（すが）さん

①58歳 ②A型（調べたことない） ③大手時計メーカー勤務 ④大分県

家族…
お母さんと一緒。

好きなお酒とおつまみ…
芋焼酎。冷や奴。

ギャンブル…
やりません。競馬はギャンブルじゃないんです。ロマンなんです！

好きな歌手・タレント…
ダニエル・ビダル、川島なお美。

スナックやクラブなど…
この頃お金ないから行きません。以前はひんしゅくを買っておりました。

休日…
ゴルフ（後輩曰くプロ並み）、ガーデニングを少し。トマト、キュウリ、ピーマン、ナスを植えてるんです！

モットー…
何だろう？素直に生きる。

若者に一言…
まぁ、仕事は仕事。人生、仕事だけじゃないんだよ。

夢…
とりあえず2億を当てる。そしたら、国内旅行をしたい！海外じゃなくて。色んなとこあるじゃない、お寺、寺社が好きなんです。平泉、奈良、京都の有名じゃないお寺とかね。

「オヤジ」という愛称で慕われる管さん

管さんは博多在住なので、出張で東京へ出てきた時に昔一緒に働いた後輩達が一同に集まるのが恒例。運良くその会にお邪魔させてもらった。総勢10人強。インタビューを始めたものの、周りから「このオヤジは本当そういうの好きなのよ」「あの話言っちゃいましょうよ！」など、とにかく茶々がすごい。管さんは「佐藤君、そういうことは言ってはいかんよ」と一応言うものの「まったくコイツは…」といった表情で大好きな競馬と先祖の話を熱心に続けた。（ぜひ載せて欲しいと言われたのだけど、ほぼカットしてしまいました、スミマセン！）懲りずに茶々を入れる後輩に「真面目に私は取材を受けてんだから」と管さん。「真面目な部分ほとんど使わないっすからね（笑）！」とまた後輩。そんな繰り返しで慕われているのがよくわかった。名刺交換の際にビニル袋に入った名刺が出てきたので理由を聞いてみると「俺夢見るとよ、出しても出しても名刺がね、人のが出てくる」一度大事な場面で名刺を切らしてしまったことがあるそうで、名刺入れと手帳と財布の3ヶ所に入れているそう。営業マンの鏡だ。それにしても管さんは絵になる。髪型も仕草も、おじさんらしい要素が詰まっている。変な表現だが、おじさんの絵を上手に描きたいと思ったら、管さんで練習したらいい。誰でも上手く描けると思う。話し方もとてもよかった。ちょっと鼻にかかった声と博多弁が味があっていい感じ。後輩達の茶々もふくめ、これぞ「良き日本のサラリーマンの姿」といえるすばらしい飲み会を見せてもらい、ちょっと感動してしまいました。

シャツの袖に醤油が付いてしまい、よく落ちるという芋焼酎で拭く管さん。後輩達は指を差して爆笑。本当に皆さん仲がいい。

賑やか！気兼ねしている人無し！

イチ早く茶々を入れる佐藤君。

おっとり品のいい4代目社長

相賀(おおが)さん

①60歳 ②O型 ③小学館社長 ④東京

家族…
長女、長男、女房1人。おやじだね（笑）。

好きなお酒とおつまみ…
やめたんで…。ほんと言うと、きらいなお酒はなくて、ビール、焼酎、日本酒、ウイスキー。日本酒は八海山の冷やがすき。おつまみは食べない。ご飯でも呑める、塩かけて。だからアル中みたい、適当に（笑）。

たばこ…
自分では何年も吸ってないなぁ。人のたばこは吸ってた。

朝食…
毎日パン。甘いパンが好きで、ちょっともらって食べる。あとは豆乳が大腸ガンに効くっていうから、そんなところかなぁ。

休日…
会社に来ちゃったりもしてるけど…。女房とね、ぶらぶら歩くの。どこへでも大体地下鉄で。

ギャンブル…
やってる。出版（笑）。

夢…
真面目すぎて言えない(笑)。

考え中も品がいい。

＊ ＊ ＊

サラリーマンの鏡。営業マンから会社役員へ

大山(おおやま)さん

①64歳 ②A型 ③大手出版社役員 ④茨城県生まれ名古屋育ち

家族…
子供が2人（娘40歳、息子38歳）と女房

好きなお酒とおつまみ…
日本酒。熱燗。(冷酒は呑まない)、魚（ささがれい）、塩辛。自宅では呑まないね。つまらんよ。

甘い物…
カステラ類が好きだね。つぶあんがダメ。こしあんは好き。

ギャンブル…
何でも。競馬（社歴より長い）、麻雀（30年）、パチンコ（高2から）当時は毎日行ってたよね。今日玉出てるってなると学校行けないんだから（笑）。全員そうだったよ。あの頃はそういう時代でした。

好きな女優…
若い頃の松坂慶子、岩下志麻。

スナックやクラブなど…
仕事で散々行ったから、行きたくない。

休日…
ギャンブル。3つあればどれかで潰れる。(競馬、麻雀、パチンコ)

モットー…
神経質にならない。エキセントリックにならない。感情は理性で抑えられる。

今一番の関心事…
WIN5（競馬）を当ててみたい。当たらねぇからなぁ…。

夢…
一緒に（仕事を）やった人達がいきいきとして、さすがうちの会社という本を作って欲しい。それが夢。

ハッハッハという笑い方と座り方が偉い人っぽい。

東京に出るきっかけになった本（『自由の問題』岡本清一著 岩波新書）

お酒大好き。奥さん思いのロマンスグレー ※酔っ払っていらっしゃいます。

伊藤(いとう)さん

①58歳 ②A型 ③出版社役員 ④長野県

家族…
奥さんと愛人が…え〜…いない、いない、いないって。
好きなお酒とおつまみ…
エズラブルックス。ウイスキーだったらバーボン系だし。焼酎は最近多いね。一刻者でも晴耕雨読でも、基本はロックですね。おつまみは君。はぁ〜。
甘い物…
トップスのチョコレートケーキ。昔はさ、1700円のやつ買ってきてたんだけど、どんどん小さくなってきてね、ちょっと物足りないんで、2,400円のを。買って帰って、女房と二人であんたここまでねって言って、いっぺんに食べる。
たばこ…
吸いますよ。KENT1。40〜60本ぐらい。会社行く前に家で2時間で最低10本。会社は20〜30分で1本。
朝食…
食べません。作ってくれません。自分で食べるとしたらバナナ1本。基本は、女房との契約は、月〜金曜日の平日は朝昼晩の飯は作る必要はない、という契約です。契約って言うのもおかしいけど。土日だけはお願いしたい、と。
好きな女優…
蒼井優。
休日…
野菜作ってるんだけどさ、しんどい！できすぎちゃうから、ヤクルトおばさんにあげてる。
夢…
奥さんと車で日本旅行。

「じゃ！」と去り際に貫禄あり。

＊　＊　＊

カラオケ大好き"赤いおじさん"

大塚(おおつか)さん

①68歳 ②A型 ③なし ④杉並区

今の仕事についた経緯…
職業は今はなし。体悪くなっちゃってから5、6年寝てるばっかり。その前は警備やってたの。
家族…
独身。
好きなお酒とおつまみ…
飲まない。前はカラオケの時、カパカパブランデー飲んでた。
たばこ…
90〜100本吸って運動しなかったら病気になっちゃった。
朝食…
ごはんと納豆、赤いきつねとかさ。（夜はねえちゃんが作ってくれる）
ギャンブル…
今は全然やんない。前にやりすぎてね、1千万以上パチンコに使っちゃった。
カラオケの十八番…
いろいろ（レパートリーは5000曲）。
好きなタレント…
例えば八代亜紀とか、ぽちゃぽちゃっとして、まるくて、目が小さくて、口も小さくてそういう人好きなの。
休日…
歌の練習してたり、囲碁。
モットー…
ないね。とにかくやりたいことをやる。それだけ。
今一番の関心事…
カラオケだろうね。歌えないものがないようになりたい。
若者に一言…

自分のことでいっぱいだから、そんな余裕はないよ。
夢…
漫画見りゃ分かると思うけど、（カラオケで）太刀打ちできるやつができることを願ってるわけだ。歌の仲間を集いたい。

栄養ドリンクでもてなしてくれた大塚さん。

＊　＊　＊

漫画「東京都北区赤羽」のメイン人物

マスター（元居酒屋ちからのマスター）

50歳　②B型　③今は無職　④東京

好きなお酒とおつまみ…
肝硬変で飲めない。
甘い物…
前田敦子。
たばこ…
吸うよ。マルボロ。
朝食…
食べない。
ギャンブル…
やるよ。100円ゲーム。コイン落ちるやつ。
カラオケの十八番…
ユーミン。
好きなタレント…
前田敦子。
休日…
オナニー。
モットー…
何もないんじゃない？
若者に一言…
たのしくやれば？
夢…
ないよ。（周囲にあおられて）…小説家。（短編だけでなく）長編も書けるから（編集長に見せて）。

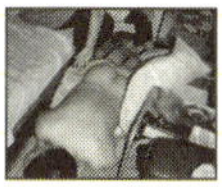
これでもインタビュー中。かろうじて聞き取れました。

＊　＊　＊

赤羽の霊感おじさん

羽田（はねだ）さん

①51歳　②A型　③一応無職ってことにしといて下さい　④東京、北区

今の仕事についた経緯…
ホテル業の後、テーマパークの施設管理を28年。（某キャラクターに会ったことありますか？）開演の時間にからんだりしたことありますね。
家族…
まず家内、長女は結婚して、孫がいます。あと息子2人（22歳美容師、都立高校1年生）
たばこ…
やめちゃいました29の春です。
朝食…
食べます、必ず。最近は恥ずかしいんですが朝マックばっかり（笑）。
ギャンブル…
すいません、します（笑）。競馬。あと森且行くんが頑張ってるオートレース。（行くのは）月2回、使っても1万円くらいかなぁ。
スナックやクラブなど…
正直言って嫌いです。自分がバカになっちゃって、いくら使うか分かんないんですよ。けっこうお調子者なんでね、飲むとね。
趣味…
清野さんの漫画ですね。
今一番の関心事…
孫の成長でしょうか。
若者に一言…
五感を守って歩いてくれって感じですね。

居酒屋の空き具合を自転車で見てきてくれた羽田さん。「OK」の笑顔。

京浜地区の飲み仲間、麦《ばく》友《ゆう》会《かい》(→p.48)のメンバー紹介。
※皆さん酔っ払っていらっしゃるので、嘘（ジョーク）も含まれます。

いさおちゃん
（会長・ボス）

①61歳 ②B型 ③大工 ④横浜市鶴見区

今の仕事についた経緯…
親がやってた。昔っから。ロングロングアゴー。
家族…
生意気な女房と息子２人、素直なぼくの４人家族(笑)。
好きなお酒とおつまみ…
まずはビール、日本酒。会話がつまみ、基本よ。
たばこ…
女の人に嫌われちゃうから、大っ嫌い。
ギャンブル…
麻雀！
好きな歌手…
南沙織。あとわかんない。
モットー…
わがままでもいいけど、相手の気持ちを思いやり…まぁ、いいか（笑）。
若者に一言…
（目上の人を）裏切って当たり前。期待しないし、裏切っても怒らないよ。若い人の判断でやってよ。おべっかはいらないの！

＊　＊　＊

りょう坊さん

①61歳 ②B型 ③鉄骨業 ④横浜市鶴見区

今の仕事についた経緯…
親。跡継ぎ。
家族…
泣くぞ…。（奥さんが８年前に他界）息子２人、孫６人。
たばこ…
１日に20本。KENT1。金持ちだから大丈夫。
ギャンブル…
麻雀、競輪。バクチ大好き！
好きなタレント…
米倉涼子。きれいじゃん。
スナックやクラブなど…
別れた女がスナック。（その子）
休日…
孫と海行ったり、孫との時間。（孫は女の子５人、男の子１人）
若者に一言…
苦労しろ！必ず楽がくる。肥やしになる。

＊　＊　＊

きよ坊さん

①59歳 ②B型 ③個人タクシー ④横浜市鶴見区

今の仕事についた経緯…
初め廃品回収してたんだけど、生活を安定させようと思って個人タクシーに。女房の親がやってたから。個人であれば定年ないでしょ。
家族…
女房、子供３人。一番上はもう38かな。高卒ででできちゃった結婚だから。
たばこ…
1日２箱（CABIN）。麻雀の時は４箱くらい吸う（笑）。
ギャンブル…
麻雀一本。昔は競馬もやってたけどね。
朝食…
食べない。朝帰ってくるから。
好きなタレント…
３人のあや。上戸彩、高島彩、松浦亜弥。
休日…
一日家にいる。どっこも出ない（笑）。

まーちゃんさん(兄)

①63歳 ②B型 ③家具職人 ④横浜市鶴見区

今の仕事についた経緯…
わかんないけど、工作が好きだった。30年以上職人やってる。
家族…
ひとりです！バツイチ。子供3人。しょっちゅう会ってる。
たばこ…
一生ない。マリファナはいっぱいある。
カラオケの十八番…
（カラオケは）やらない。セックスだけ。
好きなタレント…
ク・ヘソン（「花より男子」韓国版の牧野つくし役）。一番好きです、日本の人より大好きです！
休日…
家にいます。オナニーしてます！
スナックやクラブなど…
あんまり行きません。彼女はいますけど、いませんにしといて。
若者に一言…
もっとやらせろ！

＊　＊　＊

てったんさん(弟)

①60歳 ②AB型 ③介護職員 ④横浜市鶴見区

今の仕事についた経緯…
元々興味あって、人の為になる職業資格を取った。
家族…
独身です。
好きなお酒とおつまみ…
まずビール飲んで、焼酎。ジントニックとか、洋物も好き。
カラオケの十八番…
キャバレーで喧嘩になるほどヘタ（笑）。
好きな女優…
グレース・ケリー。
休日…
いっぱいあるけど、テニスが一番かなあ。
モットー…
後悔しないように生きる。
若者に一言…
自分らしく生きてください。

＊　＊　＊

かつひとさん

①60歳 ②O型 ③管工事業経営者 ④横浜市鶴見区

今の仕事についた経緯…
高校時代から競輪、競馬やってたから、どっかに所属するっていうんじゃなくて個人事業でやりたいっていうのがあった。一匹狼（笑）。
好きなお酒とおつまみ…
日本酒。剣菱の最高級のやつが旨い。かつおの刺身。
ギャンブル…
麻雀、競輪、競馬、株…。ギャンブル無くなったら生きていけない（笑）。
カラオケの十八番…
酒と泪と男と女。こぶしの使い方がね（ポイント）。
好きな女優…
米倉涼子。
休日…
競輪、競馬。あと家の掃除。日曜も必ずするよ。
モットー…
日本国旗を立てなきゃいけない。アメリカは独立記念日に星条旗立てるように、日本もやらないと。俺は右寄りだから。
若者に一言…
がんばれニッポン（W杯）には感動した。日本愛！

渋さ5つ星のおじさんNo.1

大島（おおしま）さん

72歳　②AB型　③貿易会社の社長　④北海道→2才の時に横浜

家族…
奥さん1人。子供は2人いるけどね、可愛いのは1人。

好きなお酒とおつまみ…
日本酒だよね。熱燗。刺身だね（かつお）。

たばこ…
むちゃくちゃ吸ったけど、やめて7年。7年前まで人が一生吸うくらい吸った。女性（中学の同級生）に指摘されてやめた。

朝食…
ご飯にみそ汁。欠かさないね。

ギャンブル…
今はやらないね。だいたい馬鹿馬鹿しくなるから。10年以上前は、麻雀、競馬、パチンコ。

好きな女優…
中田喜子。今ね、グルコサミンの（CM）やってる。

スナックやクラブなど…
行きます。スナックと小料理屋さん。週2。奥さんに水・金曜日は楽させるため。

モットー…
あるはずなんだけど。

今一番の関心事…
さあなんだろな。

若者に一言…
最近はあんまり考えないね。偉そうなこと言えない。

夢…
僕はその、そのまま、老いをそのまま生きたい。構えずに。

ホッピーを知らなかった大島さん。

＊　＊　＊

脳卒中から生還した元町工場経営者

やっさん

①56歳（本当は59歳）　②AB型。わかんない（本当はA型）　③病気中　④大田区

今の仕事についた経緯…
元々サラリーマンやってた時に印刷に興味があったんだよね。で、辞めて、印刷屋になったの。今は病気中だけどね。

家族…
女房、犬、子供2人。犬うるせぇきらい。ハマ（前の犬）はいい子だった。

好きなお酒とおつまみ…
ブランデー。ビーフジャーキー。たまにごほうびにね。

たばこ…
もうやめた。

朝食…
パン。牛乳、フルーツ、色々。ご飯はこぼすから（だめ）。

ギャンブル…
今はやってない。昔は競艇。競馬もやってたけど競艇の方が面白いからやめちゃった。

カラオケの十八番…
サライ。（たまたま黄色いTシャツを着た状態で）

好きな女優…
いねえか。……いた、天海祐希。

スナックやクラブなど…
そこに母ちゃんいるからそういう話はちょっと勘弁してくんないかなぁ。

モットー…
モットーない。

若者に一言…
ないよ。呑ませろよ。

夢…
ないよ。

インタビューが終わった瞬間に寝てしまいました。

蒸発中の元競馬のコーチ屋

牧ちゃん（まきちゃん）

①63歳 ②A型 ③焼き鳥屋（アルバイト） ④函館

家族…
今日も元気で家族は居なくなってます（笑）。（函館に奥さん、娘４人で孫８人）
好きなお酒とおつまみ…
痛風で焼酎しか呑めない。あとは痛風ビール（プリン体カットの発泡酒）。魚好きなんだけど光ものが（痛風で）だめだからね。ちょっとずつ食べてるけどね。
甘い物…
大好き。大福とか大好き。
たばこ…
20歳でやめた（お酒は４～５歳から）。
朝ご飯…
食パン、野菜、卵、ハム、コーヒー２杯。
カラオケの十八番…
ブルース。新潟ブルース、東京ブルース。いろんなブルース。
好きな女優・歌手…
米倉涼子。うちの母ちゃん（奥さん）涼子って名前なんだよ。あとカルメン・マキ。
モットー…
明日出来ることは今日しない。死ぬ気で頑張れば死ぬぞ。
若者に一言…
な～んにもないよ！

蒸発歴20年！ 娘の結婚式に女装?!

函館出身の牧ちゃんが、なぜ家族を置いて蒸発し、東京の焼き鳥屋で働くようになったのか？ 41歳の頃、仕事で東京へ出てきた。「そんで仕事終わったら暇だからさ、競馬行くでしょ、それで競馬場で知りあった人がさ、部屋が空いてるって言うからさ」その人が部屋を貸してくれ、そこから函館に帰らなくなった。そもそも放浪癖があるらしく、31歳の時にも1年帰らなかったら奥さんにいつの間にか籍を抜かれていたそうだ。「籍抜かれ事件（笑）友達の間で結構有名だよ（笑）！ その後、また籍入ってた事件ってのもあんだけどね（笑）！」そして、競馬場で人に教えながらお金をもらって生活をしていると、「今度は若い奴がいてさあ、そんで僕んとこ来ませんか？って言うからさぁ、俺もバカだからね、行ったの！」しかし気付いたら貯金がどんどん減り、住人は帰って来ない。だまされた！それを聞いた焼き鳥屋の店主が「保証人になってやる」と言ってくれた。「それじゃあさ、悪いから手伝いますよ、つって…」何だか途中からいい話になってきた。「しばらく会ってない長女がね、結婚式に呼んでくれたの。女装って誰かが言うからさ、本当に女装で行ったら怒られたよ！だって花束贈呈の時、一番泣くとこでさ、お母さん3人いるんだもん（笑）！ 最低だよ、おやじとして（笑）」ちなみに、「最近は焼き鳥屋が忙しくて競馬はやれなくなっちゃった」と言っていたが、動向チェックは欠かさないようで、この日も家のテレビには競馬が流れていた。ハチャメチャなのに、とにかく明るい牧ちゃんでした。

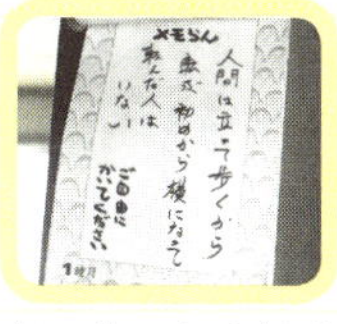

カレンダーのメモらんには自作の格言。

楽しそうに娘の話をする牧ちゃん。とても蒸発中とは思えない。

ふすまには、奥さんと同じ「涼子」の米倉涼子のポスターがセロハンテープで貼ってあった。米倉好きのおじさんは多い。

おじさん力に学ぶ

おじさんは小さいことは気にしない。半ば強引ともいえるパワーでとにかく前に進む。いつだって自分が中心。そのタフさと見切りの早さは、長年の経験が生み出した術。おじさんを見習い、たまには本能に赴くまま過ごしてみてはいかがだろうか。

とりあえずやり切る

鬼役を頼まれたおじさん。よく見ると、鬼のパンツとお面以外は、ほぼ私服。それでも何なくこなしていた。着るものがないからやらない、なんてのはナンセンス。成せばなる！

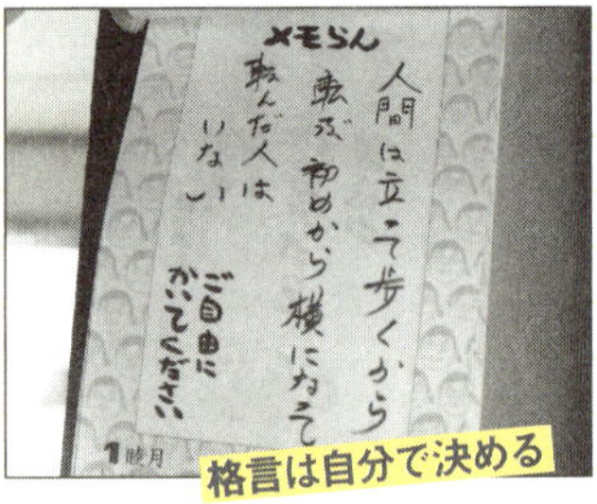

格言は自分で決める

牧ちゃん（→p.117）の家に貼ってあった自作の格言。立派な誰かの格言は、なかなか身に付かないもの。一見当たり前のような気もするが、自分の経験から出てきた言葉こそ、本当の格言かも知れない。

疲れたら寝ちゃおう！

相当疲れているらしく、首がうなだれて、顔が半分埋もれている。「疲れた…寝る…」このように時には人目を気にせず、疲労感全開で熟睡するのも、疲れをとる術なのかも知れない。

何もしない

何をしているかと思えば何もしていない。靴を脱いで、ただひたすら日光に当たっている。こんな風に時間を過ごしたことがあるだろうか。一番贅沢な時間の使い方なのではないだろうか。

かわいい女の子が大好き

女の子を好きな気持ちはいくつになっても変わらない。女子高生を凝視する姿からは、その思いが溢れ出ている。控えめで草食系と言われる若者が増える中、この直球な行動には目を見張るものがある。自分の気持ちに正直に。

花がなくても花見はする

一分も咲いていない桜の下で早々に宴会をするおじさん達。この状況だと日程をずらしそうなものだが「まだ咲いてないけど、まあいっか！飲もう飲もう！」と予定通り実行してしまう大らかさと決断力、潔い。リスケなんて言葉は知らない。

使えるモノは何でも使う

水筒代わりにペットボトルの空容器を使うのが一般的だが、このおじさんは、なんと醤油の空き容器で。赤いキャップがかわいいし、ワンタッチで使いやすそう。これが大丈夫なら、日常は再利用できるものばかり。とってもエコだ。

周りが見えないくらい集中する

競輪場にて、とても邪魔なところにしゃがみ込むおじさん達。しかし、予想するのに必死で誰も気にしていない。日々の暮らしの中で、こんなに集中したことがあるだろうか。我を忘れるほど夢中になれるものがあるなんて羨ましい。

おじさん力をちょっと使えば、
人生はもっと楽しくなるはず！

野宿者《のじゅくしゃ》のおじさん達に会いに行く

～ドヤ街で炊き出し体験～

おじさんを日々見つめていて、無視できない存在がいる。それはホームレス。（後に、ホームレスではなく野宿者と呼ぶことを知る）街で見かけても大概ムスッとした感じで、話しかけられる雰囲気ではない。どういうおじさん達なんだろう？と会いに行ってみることにした。とある街の炊き出しに２度ほど参加した記録である。

＊＊＊

集合は朝の８時半。ドヤ街（※）の中にある公園。駅から歩いて向かうと、ここからがドヤ街だとすぐわかるほど、ガラッと雰囲気が違う。おじさんばかりで、女性なら怖いと感じるのが正直なところだと思う。ただちょっと落ち着いて見てみると、おじさんたちは猫と戯れていたり、世間話していたり、物珍しく見てくる以外、とくに怖いことはない。少々遅れ気味で着くと、ボランティアの人達が作業を始めていた。スタッフの女の子に誘導されて、荷物を置き、空いていた小松菜を洗っているところに入った。食材がどこからやってきているのかよくわからないのだけど、野菜は少し痛んでいる部分があるので、そこを取り除かなければいけない。そして水の中で土を落とし、隣の桶に移すのがわたしの仕事。次の人が仕上げの洗いをして、切るブースへ持っていく。この、野菜を選別 → 洗う → 切る作業は「切り込み」と呼ばれている。しゃがむとしんどいので、お風呂用の椅子が用意してあり、それに座りながらやる。ボランティアの人数が多いとそんなに大変ではない。そしてボランティアの人の中に、４分の１くらいはドヤに住むおじさんも参加している。毎回やっているみたいで、持ち場の仕切り役になっていることが多い。今日のメニューは（というか前回もほぼ一緒）醤油味の雑炊と、漬物（塩もみ野菜）。

野宿者のおじさんの中に手伝うおじさんと手伝わないおじさんがいる。特

<注釈>
※戦後高度成長期に、日雇いの仕事をする労働者が集まって出来た街。
ドヤと呼ばれる、簡易宿所がたくさんある。

に手伝わないけれどその場にいて見ている人、自分の部屋から顔だけ出して見ている人など色々だ。ひとり、気さくなムードメーカー的なおじさんがいて、みんなに話しかけている。わたしにも話しかけてくれた。「学生さん？」と聞いてきたので31歳というと、やたら驚いたようで何度も「嘘だろ〜」と言っていた。他のおじさんや、ボランティアの学生にも「この子いくつだと思う？ 31だってよ」と、ちょっとしつこい。「31でも色気がねえな」などと返してくるおじさんもいた。余計なお世話だ。

タオルがない

そこでちょっとした事件が起こる。漬物を切っていたひとりのおじさんが自分のタオルがないと急に大声でキレ始めた。一瞬空気が止まった。親切な女性が「これじゃないですか？」と探して渡したのに、興奮状態のおじさんは女性が持っていってしまったのだと勘違いして「ふざけんな、俺のタオル持って行くんじゃねえ！」と怒鳴った。それは使い古した温泉タオルなのだが、おじさんにとっては大切なタオルなのだろう。先程のムードメーカーのおじさんが「なんだ」と、さっと立ち向かったので、なかなかかっこよかった。キレたおじさんは「うるせえ」と捨て台詞をはいて、包丁を持ってどこかへ行ってしまった。みんな騒然としたが、ただ引けなくなってその場を離れただけらしく、しばらくしたらおじさんはまた切り場にもどって、何事もなかったように漬物をトトトトトンと手慣れた包丁さばきで、素早く切っていた。

けっこう怖かったので、わたしは呆気にとられてぼーっとしていた。するとさっきのムードメーカーのおじさんが「来たらやってやろうと思ってたんだよ。これ構えてね」と、右手に持っている杖を見せてきた。しばらく話していると「夏祭りがあるから、おいでよ」と言う。「これたら来ます」というと、「ヤバい奴いたら、俺とかいるから」と優しい。そういえば前回来た時に街の写真を撮っていたら、ヤ○ザっぽい人に「ブッ殺されるぞ！」と言われたことを思い出す。ここでヤバい人はそういうヤバい人もいるのだ。

原発作業員の募集

お昼まで時間があるので、わたし達は一旦部屋に集合することになった。ドヤ街の中にこの炊き出しを主催している人達の事務所がある。参加者は20名くらいだろうか。大半は大学のゼミで来た学生。他には勉強熱心そうなおばさんなど。スタッフが今日の日程などを説明。そして簡単な自己紹介があった。スタッフの中にかわいらしい女子がいて、「まいまい（仮名）って呼んでください」とにっこり。童貞男子ならいっぺんで惚れてしまいそうな

かわいさで、わたしでさえドキドキしてしまった。関係ないかもしれないけれど、こういうボランティア団体にはかわいい子が多いと思う。化粧の濃い都会的な華やかさはないけれど、素朴で穏やかな女の子が多い。

ここでKさんのお話。Kさんというのはドヤに住むおじさんなのだが、労働組合のようなことをしていて、この街のみんなを助けている。とてもきちんとしていて、うちの父親より余程しっかりしているのでドヤ街にいるのが不思議だ。話も上手だし、知識もある。なぜこのようにドヤ街ができて、野宿しているおじさんがいるのかという話をバブル期から現在まで順序立てて説明してくれた。そして3月11日の地震の後だったので、原発についても説明してくれた。メルトダウンの解説も驚くほど細かい。日雇い労働者のおじさん達が原発で働く話は噂で聞いていたのだが、ここではリアルに行われているようだった。昔から日給7万円というような仕事はあったらしいし、地震後は「3分3万円。割り切って行ける人を募集します」なんて仕事が出るらしい。さすがに怪しいので避けているようだけれど、明日食べるご飯代もないような人の中には行く人がいて、「絶対に行くな」とは言えないということだった。

炊き出しの味

さて、時間になったので切り込みをやった公園に戻る。30分以上前だけど炊き出しを待つ列がもうすでにできている。その前に、ラジオ体操の時間。おじさん達は10人参加するかしないかで、ほぼみんな傍観しているだけ。その中でラジオ体操をするのはかなりシュール。ひとりのおじさんが学校の朝礼のように前で見本の体操をしている。このおじさんは純粋に一生懸命体操をしていて、とてもピュアでかわいい。後ろの女子大生も「あのおじさんかわいいね」と言っていたので、やぶさかではないと思う。みんなの、ほんとに体操するの？みたいな雰囲気を、あのおじさんが払拭してくれている。そんなわけでラジオ体操第一、第二、さらに氷川きよしのズンドコ節と3曲も踊る。13時になったので炊き出しの配食開始！わたしは学生の男の子と2人で、お箸を渡す係になった。ただ箸を渡すだけなのだが、目を合わせずに無視する人、ジロジロ見てくる人などがいて正直怖い。しかしみんな個性的である。

珍しくおばさんがいるなと思ったら、割り込みなのかスッと先頭に来たので、並んでいた若者が「ばばあ、割込みすんじゃねえ」としょっぱなからキレている。ひえ〜。そうかと思えば「センキュー」と声をかけてくる陽気なおじさんもいる。「ユアウェルカム」と返したら嬉しそうだった。あとはまた「学生でしょ？」と聞いてきて、「ちがうってさ」もうひとりのおじさんに伝える人。「おで、そどだばえすぎ〜！（おれその名前好き〜）」とわたしの名札を見て大声で言ってくる40代くらいの人。これにはびっくりして、つい強ばってしまった。（後でスタッフと仲良しの人と知る）炊き出しは、プラスチックのどんぶりで受け取ってその場で食べるのが基本だが、鍋などを持参し、たっぷりもらって部屋で食べるような人もいる。赤いき○ねのカップラーメンの空容器を持ってくるおじさんもいた。300人くらいに渡したところで、他のお手伝いの子と交代。わたしも炊き出しの列に並ぶ。野宿者のおじさんが何百人も前にいる。夏は臭うので、ちょっと厳しい。

ちなみにドヤ街のおじさん同士で「ここの炊き出しは野菜がたくさん入っていて旨いらしいよ。上野なんかは旨くないってさ」と炊き出しのランク付けをしていたのを小耳に挟んだ…。

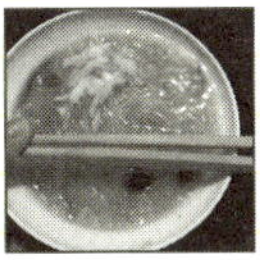

雑炊に漬物が乗っている。その場のノリでお腹も減っていたので、普通においしく食べたが、写真で撮るとなかなかの雑多感だ。

ひとりでジャングルジムに座って食べていたら、怪しいおじさんが隣に来た。いかにも野宿者な感じではなく、ちょっと小綺麗。無視していたのだが、明らかにジロジロとした目線を感じてイヤな雰囲気だったので、ちゃちゃっと食べて「ごちそうさまでした！」とその場を離れた。少し怖かった。と思っていたら「おーい、なかむらくん♪」とニコニコ声をかけてくる人がいたり。とにかく色々な人がいる。

炊き出しを食べている様子。
おじさん達は、わりと同じ方向を向いて食べる
立っている人、しゃがんでいる人、それぞれだが
地面にべたっとお尻をつけている人はいなかった。

ドヤ街の食事情

使った茶碗や箸をみんなで洗ったりして、炊き出しは終了。その後はおじさん達と交流の時間がある。映画鑑賞会と、ビンゴ大会。夏なので、クーラーの効いた部屋でゆっくりできるお得な時間だと思うのだけれど、30人くらいしか来ない。わたしは早起きのため爆睡。おじさん達は真剣に観ている人もいれば、わたしのように寝るために来ているような人もいた。

映画の後はビンゴ大会。6人ずつくらいに別れて座り、お菓子をつまみつつ、ビンゴをやるという小学校のお楽しみ会のような雰囲気だ。ここに自ら来るおじさん達はかなり普通の人が多く、なんでここにいるんだろう？と思ってしまう。臭くもないし、けっこう会話もはずんでいる。ビンゴがそろった人は景品をもらえるのだが衝撃的だったのは、景品に寝袋があったこと。ずいぶん豪華な景品であるが、それはレジャー用ではない。ドヤ代が払えず野宿をすることになった時に使う生活用なのだ。ビンゴの景品にそんなシビアなチョイスとは、さすがドヤ街。他には洗剤やカップ麺、タオルなど。ちなみに全員に景品が渡るように準備してある。わたしはおじさんではないのでこんなものをもらった。(→)

ビンゴの後、時間があったので街の中を少し案内してもらう。道でお酒を飲んでいる人や「ハロー！」と言ってくる陽気なおじさんもいた。炊き出しの時のムードメーカーのおじさんはドヤの中から手を振っていた。見知ったおじさんがいたりすると、けっこう楽しい。

夕飯は近所の店で買う。ドヤ街の中には3件くらい弁当などを売る店がある。韓国人が経営しているところが多く、置いてある惣菜も韓国系の品揃えが豊富。卵焼きやかぼちゃの煮物など一般的な惣菜もあり、150円〜300円と相場よりちょっと安い。韓国系なのでキムチなどは妙に本格的で、専門店かと思うような食材なども売っている。わたしはまだあまりお腹が減っていなかったので、冷たいうどんを買った。250円。他の人から魚肉ソーセージの天ぷらのようなものをもらったが、はっきりってあまりおいしくなかった。油っぽいし、塩っ気も強く、濃い。キムチだけはおいしかった。普通に買って帰りたいくらい、良い味だった。

ところで炊き出しに参加しているボランティアの人たちも、全然合わなく

左：もらったしおり。去年のと今年の。 右：隣のおじさんがもらった景品。セットの中身はカップラーメン、そぼろ大根の缶詰、下着のランニングシャツ2枚組。

左から、店内の種類豊富なキムチコーナー、
カボチャの煮物150円、冷たいうどん250円。

て2度と参加しない人と、ハマってしまう人がいるそうだ。「おじさん達って人間らしくておもしろい。というか、かわいい」と話す女子大生もいた。休憩中は「元カレがサイテー」と今どきの話をしていておもしろかった。

その後はまたスタッフ同士の親睦を深めるためのオリエンテーションなどがあり、自分の趣味や住みたい家を発表した。

夜回り

その後、夜回りというのがある。駅周辺を歩いて、野宿しているおじさんに声をかけ、具合の悪い人を発見したり、冬は毛布を配ったりする。ひとりのおじさんが実演をしてくれた。まずしゃがみ（上からのぞき込むとおじさん達がびっくりするので）「こんばんは〜具合はどうですかあ？って、感じかな。うるせえ〜とか言われるかもしれないけどね。そしたら失礼しましたあ〜おやすみなさいってね」くしゃおじさんのような笑顔のおじさんで、みんなの心をつかんでいた。

この日はまだ暑いので冷たいジュースとささやかなプレゼントと夏祭りのチラシを渡す。寝ているおじさんに声をかけるのは最初は勇気がいるが、ほとんど怒ったりする人はいないので、慣れてくると意外と平気だ。恥ずかしそうなおじさんもいて、チラシを渡しても「はいはい」と興味なさそうにしていたけど、振り返って見てみると、取り出して熟読しているような人もいた。気付いたら、お昼に体操のお手本をしていたおじさんも参加していて、おじさんに声をかけている。ただほとんど何も言わないのだ。照れ屋みたいでかわいらしい。22時過ぎに駅で解散して終了！長い1日だった。

これを書いていたら、おじさん達に会いたくなってきた。わたしもけっこうハマってしまったみたいだ。恐るべし、ドヤ街のおじさん！

おじさんさくいん

あ

愛読誌……69
赤羽……24
秋葉原……72
汗染み……9
アート系……58
あほ面……102
怪しいヘアスタイル……98
アロハシャツ……86
案内係……13

い

泉麻人……107
いやらしい……54
岩合光昭……64, 108
インタビュー……107

う

WINS……42
うるさそう……50

え

偉い……11
エロじじい……40

お

O型……47
おじぎ……10
お疲れ……19
おっちゃん……34
おやじバンド……32

か

格言……118
カメラ好き……70
カラオケ……24
かわいい……104
革靴……27
缶ビール……22

き

技術職……16
基本のシャツ……84
ギャンブル場……42
休憩中……18
休日……30
競艇……42

く

クールビズ……9, 103

け

競馬……42
警備員……15
競輪……42
原発作業員……121

こ

個人経営……106
コーチ屋……117
子供……103
ゴルフシャツ……89

さ

サラリーマン……8, 110

し

島のエロじじい……40
社長……11, 111
正体不明……52
白っぽい……90

す

スーツ……8
スポーティ……65
3WAYバッグ……73

せ

清野とおる……24
制服……14
仙人……62
川柳……12

た

炊き出し……120
タクシー運転手……18, 114
たそがれるおじさん……21
タック入り……91
縦縞のシャツ……85
ダンガリーシャツ……88

ち

地域密着……14
チェックのシャツ……84
茶色っぽい……92
チューハイ……22
ちょいワル……56

つ

2wayビジネスバッグ……73

て

デザイン系……58
手作りハウス……63
手ぶら……67

と

ドヤ街……120

な

NIKEキャップ……96
名古屋……38
夏……82
何となく嫌……51

に

ニューフェイス系……55

の

野宿者……120

は

ハイウエスト……44
Bucchus……32
麦友会……48
半ズボン＋革靴……27

ひ

ビジネスバッグ……9
人の物をのぞく……68
暇そう……20

ふ

ファイン系……60
夫婦……76
フェス系……61
部下……78
２人組……74
普通のスーツ……8
不倫……79

へ

変な柄……87

ほ

帽子……93
ぽっこりおなか……45
ホーミー……41
ホームレス……120

ま

麻雀……114
マスター……25, 32, 106, 113

み

ミニタオル……9

も

モテる女性……80

ゆ

有名人……64
ユニークなヘアスタイル……100

よ

横縞のシャツ……85
酔っ払い……46

ら

ラフ……28

り

リュック……66
旅行中……31

POSTSCRIPT

あとがき

なんでおじさんなの？　とよく聞かれるので、あとがきでばっちり書こうと思っていたけれど、いまだにうまく言葉にできていない。その答えとして、この本を作ったということにしてもらいたい。

おじさんに興味を持ったきっかけなら、なんとなくある。それは高校生の時、美術の先生の個展があるというのでひとりで銀座へ出かけた。美術の山崎先生は少し変わった先生で、個展に行くといつも「おー中村よく来たね、見なくていいから座りなさい」と言う。それを鵜呑みにしたわたしは、個展会場に居座り、差し入れの高級なパンやお菓子をもらって食べていた。しばらくして閉廊間近になると、ぽつりぽつりと絵描き仲間のおじさんが集まってくる。ぷしゅっとビールをあけ、プチ宴会が始まる。どこからか乾きものが出てきたりして（「これうまいんだよ！」と言いながら）画廊のオーナーを中心に話に花が咲く。警備員をやりながらドローイングを描き続けている絵描きのおじさんの話、山谷の労働者専用の激安な飲み屋の話（今は無いそう）などなど。それは憂いを側面に持った大人な話で、初めて聞く世界だった。よくしゃべるおじさんもいれば、始終だまってうつむいているおじさんもいた。性格が全然違うのにみんな心地よさそうで、その雰囲気はすごく自由な気がして、わたしをワクワクさせた。その時、おじさんていいなー！　と感じたのだと思う。高校生から見た粋な大人が「おじさん」になったのだ。それから目覚めた（？）のか、趣向も古書店、古い喫茶店、大衆居酒屋などへ動いていった。そこにはいつもおじさんがマッチしていた。おじさんて絵になるなあと思って、ついにおじさんの絵を描くようになった。そうやって今まで見てきたわたしなりの「いいおじさん」を集めたのがこの本だ。図鑑なので「嫌なおじさん」も少し入れたけど。

最後に、本書を作るにあたって本当にたくさんの人にお世話になった。取材をさせてくれたおじさん達、おじさんとの間を取り持ってくれた人、写真を撮ってくれた人、情報をくれた人、作業を手伝ってくれた人。不思議とみんな良い人ばかりだった。この場を借りて感謝いたします。どうなるかと思ったけど、見事にまとめてくれたデザイナーの牧さん、そしてほぼ共著と言っていいほど5年に渡ってつきあってくれた編集者の小林さん、本当にどうもありがとう！　自分が完全なおばさんになった時、この本がどう見えるのか楽しみです。

2011年11月　なかむらるみ（31歳）

著者・なかむらるみ

1980年東京都新宿区生まれ。イラストレーター。武蔵野美術大学造形学部デザイン情報学科卒。学生時代から、おじさんの奥深さ、おもしろさ、味などに興味を持ち始める。普段は雑誌、書籍などを中心に、様々なイラストを描いている。現在、ウェブ平凡「東京ふつうの喫茶店」にてイラスト連載、文藝春秋CREA WEBにて「おじさん追跡日記」連載中。http://www.tsumamu.net/

アートディレクション・牧　唯（PLAY）

校閲・小学館クオリティセンター

編集・小林由佳（小学館）

おじさん図鑑

2011年12月12日　初版第１刷発行
2012年９月18日　初版第12刷発行

著　者…なかむらるみ
発行者…柏原順太
発行所…株式会社　小学館
〒101-8001　東京都千代田区一ツ橋2-3-1
電話03-3230-5421（編集）03-5281-3555（販売）

印刷所…共同印刷株式会社
製本所…株式会社難波製本

ISBN978-4-09-388139-5